道友社
きずな新書
016

心に吹く風

茶木谷吉信

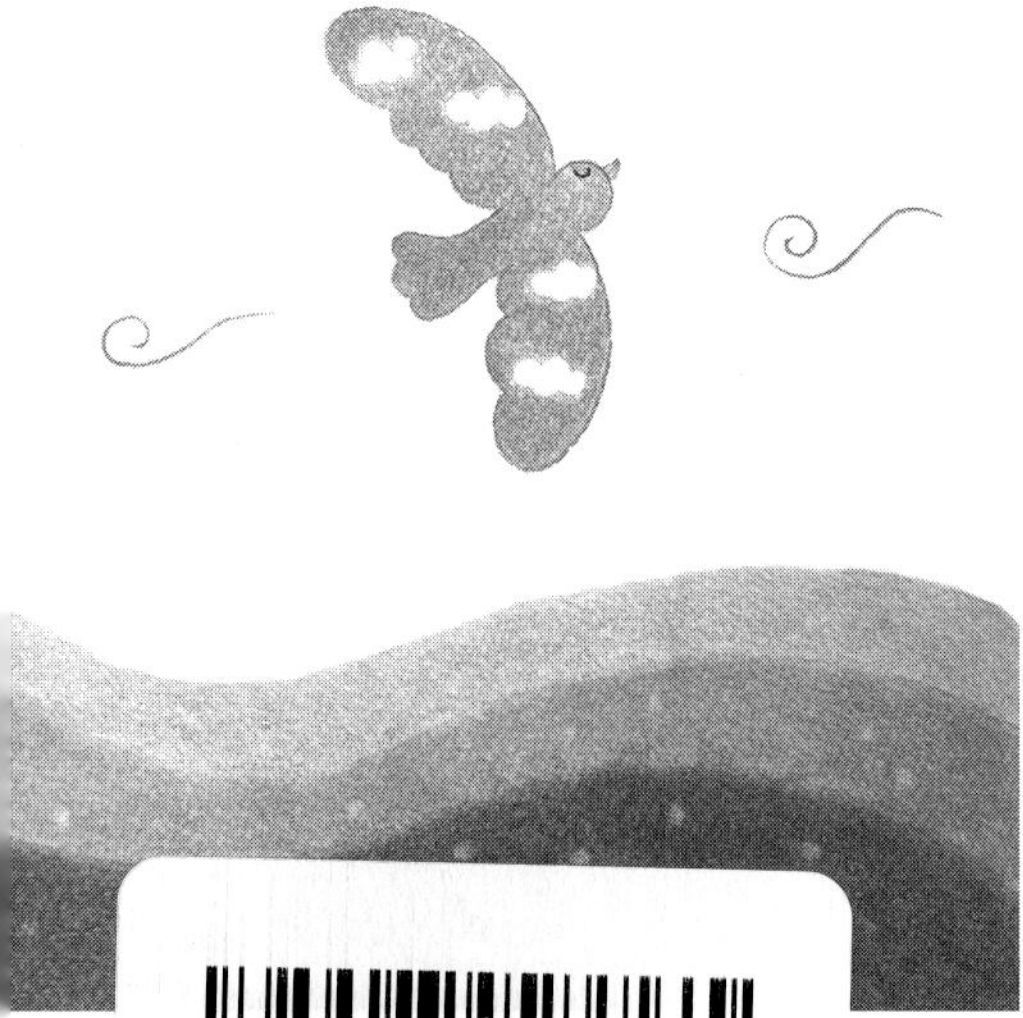

目次

心に吹く風　夏……51

心に吹く風　秋……87

熊本地震の被災地で
災害ボランティアと教祖のお導き……　173

装画……おけむら　はるえ

本書の内容は、『人間いきいき通信』（天理時報特別号）に連載された「心に吹く風の記」（２０１７～２０２２年）に、書き下ろし原稿「熊本地震の被災地で」を加えたものです。

「心に吹く風」の各話末尾の年月は掲載号を表します。

心に吹く風

春

見えない世界を見る

花四月。野原もすっかり春の陽気に包まれるようになりました。小鳥のさえずりの中で草木の芽もすくすくと伸び、新緑が目に鮮やかです。新しく小学校に通い始めた近所の子供たちも、大きめのランドセルを嬉《うれ》しそうに背負って通学していきます。

◇

うちの長女がまだ幼かったころ、一つの質問をしてみました。

「アサガオの種をまいたら何が出る?」

長女は、なぜそんなことを聞くのだろうと、不思議そうな顔で「芽が出る」と即座に答えました。

「本当に芽が出る？」

私はもう一度聞き直しました。そうしたら、なぞなぞかと思ったのでしょう。

「答えは何？」と聞いてきました。

確かに「芽が出る」で間違いではありません。でも、それは見える世界での話。実は見えないところで「根」が先に出ています。そのことを娘に話したら、「お父さん、ずるい」と言われてしまいました。

しかし、見えないところで根が先に出て、しっかり茎を支えるから、芽は倒れずに伸びていくことができます。それに、水分や栄養分を根が吸収するからこそ、芽も大きく成長できるのです。

われわれの目に普通に見えることとは、実は見えないものに支えられている。そのことを教えたくて、娘に質問したのでした。

一事が万事。どうもこの世の中、見える世界よりも見えない世界のほうが大切なことが多いような気がします。空気は見えないけれど、空気がなかったら私たちは生きていけません。電気もそうです。

実はこの見えない世界も、ちょっとした工夫と努力で見えるようになります。アサガオの場合、どうすれば根が出るのを見ることができるでしょうか。たとえば十粒の種を並べてまいて、一日一個ずつ掘り起こしてみたらどうでしょう。もっと工夫する人は、透明な水槽に土を入れ、その端っこに種をまいて、黒い布で覆って毎日観察するかもしれません。いずれにしても、ちょっとした工夫と努力で見えない世界が見えてきます。

空気を見るためには、煙を流してやります。そうすれば、空気は「気流」という形で見えるようになります。電気を見るために電流計を通してやれば、電気は「針の動き」という形で見えるようになります。

もう少し、話を広げてみましょう。もう一つ、私たちの目には見えないけれど大切なものがあります。それは人の心です。見えない心を大切にしなかったら、人間関係はうまくいきません。

私たちの生活を見渡してみても、見えないところで心を尽くしてくれている人のおかげで、何不自由なく生活できていることは多いと思います。

水道の蛇口をひねれば水が出る。コンセントにプラグを挿《さ》せば電気が流れる。当たり前のように思いますが、その陰でどれだけ多くの人が、人の幸せを願って仕事をしていることでしょう。見えない世界に支えられていることが分かればわかるほど、感謝する対象が増えていきます。逆に、そのことに気づかないまま過ごせば過ごすほど、当たり前だと思い込み、感謝の量は減っていくのではないでしょうか。

そして、その心という見えないものに気づくにも、アサガオの根や空気を見るのと同じように、ちょっとした工夫と努力が必要なのです。それは、心を落ち着けて想像力を働かせてみることです。なぜ年中、色とりどりの果物がスーパーに並んでいるのだろう？　なぜ注文した商品が時間通りに届くのだろう？　想像力を働かせれば、そこにはたくさんの真実の心が、見えないところで尽くされていることに気づくのです。

◇

耳を澄ませば、聞こえなかった音も聞こえるようになる。それと同じように、心を澄ませば、気づかなかったたくさんのことに気づくようになります。

心を澄ます。人の真心が分かる。見えない世界が見えてくる。感謝の量が増える。喜びが増え幸せになる。これらは一本の線上に並ぶ、幸せへの案内標識です。

（２０１７年４月号）

普段から人さまのために

今年も四月がやって来ました。二年前（二〇一六年）の四月に起きた熊本地震のことは、忘れようにも忘れられない思い出として、心のひだに深く刻み込まれています。

◇

地震直後から行った被災者支援のボランティア活動で、私を悩ませたことの一つが、偽情報、いわゆる「デマ」の流布《るふ》でした。フェイスブックやツイッターなどのソーシャル・ネットワークが発達した現代では、たったひと言のつぶやきが繰り返しネット上を駆け巡り、あっという間に拡散されてしまいます。「ライオンが放たれた」という偽の情報が写真付きでネット上にあふれ、投稿した愉快犯がその後逮捕されたことも話題になりました。

こういう悪ふざけは問題外ですが、実は意外なことに、拡散される偽情報のほとんどは善意で流されるものなのです。

「〇〇避難所には食べ物が全然届いていないそうです。誰か届けてあげてください」「水がないそうです。赤ちゃんが困っているとのことです」などという情報が、切迫した雰囲気とともに善意で拡散され、それを見た人が「なんとかしてあげてください」と、情報を寄せてこられます。そういう情報があまりにも多いため、支援活動に支障を来《きた》すこともありました。しかし、それらは伝聞に基づく、しかも何日も前の一時的な情報であることがほとんどでした。

私たちは、それらの避難所と毎日のように連絡を取り合っていました。確認が取れないところは電話で確かめて、情報を下さった方々に丁寧にお返事を差し上げました。その内容を、ご心配くださっているほかの人たちにも分かるように、こちらからもインターネットを使って発信し続けました。

その結果、偽情報は瞬《また》く間に減っていきました。現地で支援している人が一番確かな情報を持っていると、そう思っていただいたのだと思います。

そんな矢先の出来事でした。ある一通のメッセージが私たちの手元に届きました。

「○○避難所では、地震以来、もう一週間もカップ麺《めん》かアルファ米（乾燥させた米飯を、お湯や水で戻して食べる非常食）しか食べていないそうです。なんとかしてあげてください」

正直言って「またデマだろう」と思いました。しかし、確認の電話をかけてみると、電話に出た行政職員の口から出た言葉は「本当です！」。

私たちが毎日のように給食を届けていた避難所の、すぐ隣の地区でした。私たちは驚き、気づかなかったことをお詫《わ》びし、すぐに温かいおにぎりとスープを持っていくよう手配しました。聞けば、二百人の避難者をたった二人の職員でお世話しているとのことでした。

その避難所は、私たちが出入りしていた隣の避難所とは、全く雰囲気が違いました。

すでに支援に入っていた避難所では、つらいながらも避難者同士が助け合って生活し、炊き出しも時々行われていました。そこはＰＴＡ活動や地域の自治

CaP

活動が盛んな地域で、ＰＴＡは学校の文化祭で毎年、炊き出しを実施していま
す。そのノウハウがすぐに活《い》かされて、命がつながったのです。自治会も活発
に、要支援者の救護などに動いていました。

そして何より、避難生活者の〝仕事〟が生まれていました。体育館でじっと
うつむいているのではなく、被災者が被災者のために助け合う。そこに、感謝
と泣き笑いの笑顔が広がっていたのです。

かたや、情報を頂いて駆けつけた避難所は、新興住宅地にあり、ＰＴＡ役員
もたらい回し人事。自治会役員も仕方なしに、嫌々《いやいや》引き受けるような、最近よ
く見かける地縁の薄い地域とのことでした。自助活動の基盤がないので、二人
の職員がてんてこ舞いしながら、被災者のお世話に駆け回っていました。毎食
がカップ麺やアルファ米である理由も分かったような気がしました。

◇

自治会活動もＰＴＡ活動も、面倒なものです。しかし、面倒くさくても、普段から人さまのために、ちょっとだけ汗をかいておくこと。これが、非常時には命を救うのだということを、身をもって感じたのでした。

（２０１８年４月号）

思いは誰かに届く

私は天理教の教会長ですが、それ以外にもいろんな活動に関わっています。宗教家としての熊本刑務所教誨師《きょうかいし》、行政では主任児童委員、そして学校ではコミュニティー・ティーチャーという立場を頂いて、たびたび小学校の英語の授業にアシスタントとして入っています。

あれは六年前のことでした。私の受け持っていた小学校六年生のクラスで、ちょっとした問題がこじれて、学級崩壊寸前まで追い込まれてしまいました。授業中も数人の児童が席を立ってうろつき、妨害してまともな授業になりません。先生は一生懸命に授業を立て直そうとしますが、子供たちは全く言うことを聞きません。先生の根気も限界に近づいていました。

卒業式が近くなったある日、こう申し出ました。

「一時間、私に道徳の授業をさせてくださいませんか。この子たちに伝えたいことがあるのです」

クラスの様子に手を焼いていた校長先生は、すぐに快諾してくださいました。

私はスライドを用いて、阪神・淡路大震災と東日本大震災の被災地へ、ボランティアに行ったときの写真を子供たちに見せました。

「人間とは、自分がつらく悲しいときにでも、もっとつらい思いをしている人を思いやることができる。そんな人間本来の、美しい心が現れる場面をたくさん見てきた。君たちにも、つらいことや嫌《いや》なことがあるだろう。もうどうなってもいいや、と思うことだってあるかもしれない。でも、そんなときに今日の話を思い出してほしい。もっとつらい人はいないかな。もっと苦しんでいる人はいないかな。自分もそうやって他人を思いやれる、美しい人間の一人であることを信じてほしい」

これで学級崩壊が見事に解決し、子供たちが立ち直った、となれば格好いいのですが、現実は、そう甘くありません。もちろん、真剣に聞いてくれている子もいましたが、相変わらず数人の子供は全く話を聞かず、うろうろするばかり。サポートに入ってくださった校長先生、教頭先生は、申し訳なさそうに目を落とされました。

私は「ああ、徒労に終わった」と、自分の力が足りないことを痛感しました。その後も苦い思い出として、ずっと心に小さな痛みを感じていたのです。

◇

さて先日、息子が通っていた高校のＰＴＡ役員のＯＢ会がありました。そこで、一年だけ役員をご一緒したある保護者の方が、私のところに来て、こうおっしゃいました。

「あなたは私の息子の運命を変えた人なんです」

私は突然の話に驚きました。

「息子は今年、○○大学の理学部地球科学科を受験します。なぜだか分かりますか？」

「分かりません」

「息子は○○小学校の出身です」

はっとしました。そうです。あの学級崩壊寸前の小学校でした。あれから六年。あの、あどけなかった小学生たちは、もう大学を受験する年齢になっていたのです。

「あなたは最後の道徳の授業で、息子たちに震災の話をしてくださったそうですね。あの晩、すごく感動したと、息子が私に話してくれました。それ以来、息子は地震に興味を覚えまして、中学校でもずっと、独学で地震のことを勉強していました。そして、いつの日か日本を、地震に負けない災害に強い国にしたいと思うようになったようです。そのために、〇〇大学でもっと地震について学びたいと猛勉強を重ね、今日まで頑張ってきたんです」

「そうでしたか。あの中にお子さんが……」

私は、子供たちに思いが全く届かなかったと心を倒していましたが、そうではありませんでした。あのときのつらい思い出も手伝って、思わず目頭が熱く

なりました。

一生懸命に何かを伝えようとすれば、心に響く人がどこかにいるのですね。思いは誰かに届きます。決して無駄にはならないのです。

そして、一生懸命に伝えようとした真心を一番ご存じなのは？　そう。すべてを見抜き見通しておられる神様ですよね。


（２０１９年４月号）

〝結果〟よりも〝経過〟が大切

私が住む熊本では最近、小中学校の運動会を五月に行うところが増えてきました。全国の公立小学校で、春に開催する学校の数が、秋の開催校を上回っているというデータもあります。入学したての一年生には少しばかり負担かもしれませんが、熱中症対策に加えて、競技を通じて新学年のクラスの団結が強まるという報告もあり、この傾向は今後も続いていくと思います。

◇

運動会で考えたことがあります。「あれは体育の大会だから、クレームが出ないのではないか」ということです。

ご存じの通り、学校教育には「知育、徳育、体育」という三つの基本的な指針があります。たとえば、同じことを「知育」でやったらどうでしょう。

朝から全校児童が校庭に集められ、入場行進をする。家族が弁当を持ち込み、シートを敷いて声援を送る。本部テントに来賓を招いて席を作る。賑《にぎ》やかな音楽を流しながら、「せーの」で全員が〝計算ドリル〟や〝漢字の書き取り〟をして、一等賞の子をみんなで褒《ほ》めたたえる――。こんなことをやったら、間違いなく保護者から「なんということを……」とクレームが来るでしょう。

「知育」ではだめで「体育」だから許される大会。こういう見方をしてみたら、また違った風景が見えてきます。なかには運動が苦手で、みんなが見守る前で一番最後を走るのが嫌《いや》な子だって、間違いなくいるはずなのです。

私はかつて、子供が通う小学校のＰＴＡ会長をしていたとき、運動会の開会式で、こんなあいさつをしました。

「おはようございます。待ちに待った運動会、楽しみにしていた人もいるでしょう。でも、かけっこはちょっと苦手だな、という人もいると思います。

ところで、みんな〝名探偵コナン〟って知っていますか？　見た目は小学生の子供が、次々と難しい事件を解決し、犯人を見つけていく。アニメだけどすごいなって思います。でもあれ、最初から犯人が分かっていたら面白いですか？　また、野球やサッカーの試合をテレビで見ますよね。あれは、結果だけ分かればいいのなら、なにも試合の中継を見なくても、あとでニュースを見ればいいですよね。なんで、あんなにテレビの試合に熱中するのでしょう。

実はみんな、〝結果〟よりも、どうしてそうなったかという〝経過〟が大切だと知っているのです。だから、その経過に熱中するんです。

いいですか。今日の運動会では勝つ人、負ける人が出ます。でも、その結果よりも、もっと大切なことがある。それは、その結果が出るまでに、自分が、また自分のチームが、どれだけ頑張ったかという経過です。昨日の練習よりも、前を行く人との差をちょっとでも縮められたら、そのときは自分に大きな拍手を送ってくださいね」

同じことは大人の私たちにも言えると思います。現代は「勝ち組」と「負け組」に分かれ、結果を出さなければ生き抜けない世の中だといわれています。しかし、本当に大切なのは、〝結果〟として失敗しないことよりも、その結果

が出るまでの〝経過〟です。負けない人間、失敗しない人間などいません。しかし、その失敗から何かを学ばないと、次も同じところで失敗を繰り返してしまいます。

実は、テレビドラマに出てくる女医さんではありませんが、「失敗しない」秘訣《ひけつ》があります。それは、失敗を失敗で終わらせないこと。失敗した段階では「まだ終わっていない」と思うことです。その失敗から多くを学び、それが次の成功につながったとしたら、その失敗は、成功への〝経過〟にすぎません。

神様は、可愛《かわい》いわが子である人間に、時には病気や悩み事など、苦しい思いをさせられることがあります。しかし、それは本当の幸せへ導かれる〝経過〟なのです。それを信じて、神様の思いに気づき続ける心を保ちたいものです。

（2020年4月号）

子供にものを教える適任者は？

四月。新入学の小さな子供たちが、ランドセルを背負って登校していきます。背負っているのか、背負われているのか分からないような後ろ姿が危なっかしく見えて、思わず「気をつけて！」と声をかけたくなります。

子供のころは「子供は社会の宝」といわれても、「ボクが宝？」と全くピンとこなかったのですが、いまになって分かります。やはり子供は社会の宝物です。すくすくと心豊かに育ってほしいものです。

言うまでもなく、子供は周りの大人からいろんなことを吸収して育っていき

ます。良いことも、時には悪いことも、周りから情報を吸収しています。学校、地域、家庭、すべての環境が、その学びの場なのですから、どこで見られてもいいように、大人は良い見本でありたいものです。

◇

さて、私は日ごろから、子供に接する大人の一人として、気をつけておきたいと思っていることがあります。それは、子供にいろんなことを教える適任者はどういう人なのかということです。知識や経験が豊富で、何でも知っている人でしょうか。私は、実は違うと思っています。

少し前のパソコンの取扱説明書、あるいはスマートフォンの取扱説明書を思い出してみてください。分厚くて、事典のようなマニュアルでした。文字が小さくて意味も分かりにくく、最初に全部読むのはとても無理。とにかく使いながら覚えていった記憶があります。最近は、それすらもなく、機器の中にデジタル化されて入っていることが多いようです。

そもそも機械もののマニュアルは、どれも難しいものです。なぜ、ああいう難しいマニュアルになるのでしょう。それは「パソコンやスマートフォンのマニュアルを書く適任者は、ほかの誰よりもパソコン、スマートフォンに詳しい人である」という誤解から生まれているのだと思います。

こう書くと、「えっ、違うの？」と思われるかもしれません。いや、合っています。詳しくなくては教えることはできません。しかし、それだけでは足りないのです。

実は意外にも、私たちが知れば知るほど失うものがあります。それは〝知らない人の目線〟です。コンピューターを知らない人、スマートフォンを知らない人が、初めてそれらを触ったときに抱く緊張感のようなものです。

詳しく知れば知るほど緊張感はなくなり、その知識はいつの間にか当たり前になる。知っていることを全部教えたくなり、説明も、より詳細で複雑になる。その結果、一番伝えねばならないものが伝わらないのです。それは、まずは「怖くはありませんよ。大丈夫ですよ」という安心感みたいなものであり、最低限これだけ知っておけば使える、という基本の機能なのです。

ですから、使い方を説明する適任者の条件は、「知識が豊富なこと」に加えて、「素人《しろうと》の視線を忘れていないこと」になります。

思い出してみてください。子供のころ、初めて卵を割ったときの緊張感を。

「失敗したらどうしよう」

「うまく割れなかったらどうしよう」

そして恐る恐る、卵をまな板や器の縁にコッンコッンとぶつける。力加減も分かりません。失敗した人もいるでしょう。何度か繰り返すうちに、その力加減を覚え、上手《じょうず》に割れるようになる。誰しも、そういう経験をしているはずです。最初から卵がうまく割れる人は、珍しいのではないでしょうか。


であるならば、子供にものを教える最適任者は？

そうです。「自分が子供だったころのことを忘れていない人」です。子供のころ何を知りたかったのか、何をしてほしかったのか、どういう言葉で励ましてほしかったのかを忘れていない人だと思います。

「そんなことぐらい簡単だよ」「そのうち分かるよ」ではなく、「分かんないよね、不安だよねえ。その気持ち、分かるなあ」と言ってやれる大人でありたい。
子供は、そんな信頼できる大人から多くのことを学ぶのだと思います。

（2021年4月号）

基本を身につけ、基本を出る

「格《かく》に入りて格を出《いで》ざる時は狭く、また格に入らざる時は邪路《じゃろ》にはしる。格に入り、格を出てはじめて自在を得《う》べし」（松尾芭蕉《ばしょう》『俳諧一葉集《はいかいいちようしゅう》』）

◇

私がまだ大学生のころの話です。大学の授業というのは教養教育と専門教育があって、教養教育の中に体育の授業がありました。

あるとき、体育の教官が授業の途中で学生を集めて突然、話を始めました。木陰で車座になった私たちは、まるで青春ドラマのワンシーンのように教官の話に耳を傾けました。そのときに教官が引用したのが、冒頭の芭蕉の言葉です。「この言葉は、俳句を作るときの格言として伝えられています。いいですか。格というのは基本のことです。すべてのことは基本を身につけないといけません。しかし、いつまでも基本にこだわっていては〝狭く〟なる、と芭蕉は説きます。つまり基本を身につけても、いつまでもその基本から出ないでいると、応用が利かないというわけです。

そうかといって最初から自由なことばかりやっていると、それは〝邪路〟すなわち邪道に走ることになります。格に入り格を出る。基本をしっかり身につけつつ、それを実際に応用できるまでに使いこなす。それが〝自在を得る〟ということなのです」

教官はスポーツの基本について話をしたかったのだと思います。しかしなぜか、このお話はずっと私の心に残り、いろんな出来事に遭遇《そうぐう》するたびに、この話の通りだなと思う場面が増えていきました。

たとえば書道。有名な書家の筆跡をまねて、それらしく書いたつもりでも、素人《しろうと》が書いた書はすぐにそれと分かります。楷書《かいしょ》が書けない人に行書《ぎょうしょ》や草書《そうしょ》は書けません。書家が書く、あの形にとらわれない美しい字は、楷書やかなの稽《けい》古《こ》を何度も繰り返し、筆順も含めて基本通りに書くことによって初めて身につきます。

そして、いったんその基本を身につけて行書や草書の世界に入ると、たちまち自由な芸術の世界が見えてきます。草書や崩し文字の世界は、時に、あれほど叩《たた》き込まれた厳格な筆順さえどうでもよくなり、最終的に形が合えばオーケーとなります。「本」という字は崩し字にすると、とんでもない筆順になっていますよね。楷書と同じなのは一画目だけです。

基本を修めなければ良い字は書けない。でも、基本通りでは発展がない。それを見事に言い表しているのが、冒頭の芭蕉の格言であるように思います。

そしてそれは、私たちの生活にも言えることだと思うのです。

朝起きて「おはよう」とあいさつをする。食事のときに「いただきます」と言う。食べ終わると「ごちそうさま」。家を出るときは「行ってきます」。子供のころから、こういう基本をしっかり身につけさせることが大切で、それができて初めて家族のコミュニケーションが成り立ち、もっと複雑なコミュニケーションにも発展するのではないでしょうか。

時には家族の「おはよう」という、あいさつのトーンやイントネーションから、重大な心の変化を読み取ることができるようになる。あるいは、相手がちょっと問題を抱えていそうだなと気づいたら、あえて「おはよう」から入らずに順番を変えて、ちょっと変化球を投げてみる。最終的に相手が元気になったらオーケーなのです。

家庭に限りません。学校でも職場でも、あるいは近所付き合いでも、言葉づかいやマナー、日常の態度など、生活の基本がしっかりしている人は、付き合っていて気持ちのいいものです。

基本的なマナーも態度も身についていない人が何を言っても、それは「邪路」としか受けとめられません。そういう「格」に入った人だからこそ、時には「格」を出て自在を得る。こういう自在の空気の操り方ができる人を「人間力のある人」「包容力のある人」というのではないか、そう思います。

◇

天理教には「人をたすけて、わが身たすかる」という教えがあります。生活の基本は「何事も人さまのために」という教えです。

私もそういう「格」に入ることを目指しています。

（2022年4月号）

心に吹く風

夏

お下がりのセーラー服

大切なことを人に伝える、その瞬間は、いつも何の前触れもなく突然にやって来ます。

◇

私はある教会をお預かりしている教会長です。うちの長女は、近所の子供さん方のお下がりの制服で小学校、中学校と通わせていただきました。別に教会だから辛抱しなければならない、新品を買ってはいけない、というルールはないのですが、事実、少し不自由なくらいが子育ての環境には適しています。私はそう思って、子供たちにあえて不自由な暮らしを強《し》いてきました。

娘が高校に進学したときの話です。さすがに高校の制服は、近所に通っていた人がいなかったので新品を買うことにしました。

入学式で着用するために、合格者招集のときに採寸しました。娘は「いままでずっと人のお下がりだったよね」と言って、たいそう喜んでいました。

やがて用意ができたと店から連絡があり、真新しいセーラー服を取りに行きました。制服が届いた日、娘はよほど嬉《うれ》しかったのでしょう。枕元に置いて寝ていました。

そして迎えた入学式。晴れの舞台に新品の制服で立つわが娘は、ひときわ晴れやかな表情をしていたように覚えています。

授業が始まり、テニス部に入部し、娘の高校生活は順風満帆《まんぱん》に船出をしたと、そう思った矢先の六月のある日のこと。部活動の最中に、その制服をバッグごと盗まれてしまったのです。外部の犯行か、内部のいたずらか、いまだに真相は分かりません。

学校から連絡があり、駆けつけた私は当惑しながら校長先生の説明を聞きました。警察に届けて真相究明に努力はするが、外部の犯行の場合は見つかる可能性は低い、という説明でした。

娘の落胆ぶりはいかばかりだったでしょう。すぐに新しい制服を買い与えるには時間的にも余裕がなく、次の日、娘には体操服で登校させました。

そのとき、ある女子大学生が教育実習に来ていました。ご存じの通り、教育実習は原則として母校へ行く場合が多く、その実習生もそうでした。そして偶

然にも、自分が高校生のとき着ていたセーラー服を、誰かに着てもらおうと持ってきていたのです。それを丸ごと娘に下さるということになりました。

頂いた制服を家に持って帰った娘が、その制服の入ったビニール袋を見つめながらポツリと、静かに笑って言いました。

「やっぱり、お下がりだね」

おそらく悔しさ、残念さを噛《か》みしめてのひと言だったと思うのです。

親として、ここで何と答えるか。私はここが勝負のような気がしました。

いろんな答えが頭を駆け巡りました。

「誰が盗んだんだろうね。頭にくるね」と、子供と一緒に怒る。これも一つの答え。

「やはり新品は、縁がなかったのかもしれないね」と諭す。これも一つの答えでしょう。

私はとっさに思案しました。天理教の教祖、中山みき様なら何とお答えになるだろう。

誰かを悪者にして、子供と一緒に腹をお立てになるだろうか。教祖《おやさま》の教えに、そんな教えがあるだろうか。

また、うなだれている人の背中に向かって、「縁がなかった」と突き放すような言葉をかける教えがあるだろうか。

そのどちらでもないような気がします。

そこで、私の口をついて出てきた言葉は、「な、これで人さまの真実が分かっただろ」でした。

この答えが正解だったのか、いまでも自信はありません。もっと正しい答えがあったのかもしれない。しかし、直前までうなだれていた娘は、この言葉を聞いてハッと顔を上げ、目を輝かせました。そして、嬉しそうに「うん」とうなずいたのです。

◇

その娘は今年四月、縁あってある教会に嫁ぎました。願わくは、人に対していつも喜びの言葉を出せる人であってほしい。親としてそう願っています。

（2017年7月号）

一番効果的な伝え方は？

山滴《したた》る……

いまの時期を表す、俳句の夏の季語です。山を歩いていると、みずみずしい新緑の木々が、空いている空間を探すように葉を広げています。下から見る若葉は太陽の光に透《す》かされて、いっそう色鮮やか。特に雨に洗われた直後の山は、空気までしっとりと湿気を帯び、呼吸を通して身体《からだ》中を潤してくれるようです。

◇

近年、山登りがブームのようで、テレビ番組や雑誌の特集などでもよく目にします。登山する若い女性を「山ガール」などと呼んで、ファッション誌のグラビアを飾ることもしばしばです。

大人気の登山。山に登ったことのある人なら、経験がおありでしょう。最初は平らに近かった道が、だんだんと急な上り坂になっていきます。そのうちに、登山道が岩や石ころだらけになって、歩きにくくなります。ちょっと足を踏み外すと、崖《がけ》から落ちるかもしれません。一歩一歩、慎重に少しずつ山道を登っていきます。しだいに体もきつくなって、息が荒くなり、汗びっしょりになります。

そうして迎える登頂の瞬間。頂上に着き、視界が開けたときの気持ちの良さは格別です。それまでの道中が苦しければ苦しいほど、吹き抜ける風が心地よく、つらさがいっぺんに吹き飛ぶくらいの爽《さわ》やかさを感じます。これが山登り

の一番の醍醐味《だいごみ》と言えるでしょう。山登りをしたことのない人に、この気持ちよさを伝えたくて仕方がない、と思うのではないでしょうか。

ここで、ちょっと考えてみていただきたいのです。この爽やかさを誰かほかの人に伝えたいと思ったら、どうしたら一番伝わるでしょう。

「とっても気持ちがいいんだよ。風が心地よくて、景色がきれいで……」と、話して聞かせるのもいいでしょう。

「ねえねえ、見てみて。これが頂上から見た景色だよ」と、写真を見せるのもいいかもしれません。話だけよりも効果的に伝わることでしょう。

しかし、それよりももっと、ちゃんと伝わる方法があります。なんでしょう？

それは、一緒に山に登ることです。言葉も要《い》らない。写真も要らない。ただ一緒に山に登るだけ。どんな言葉よりも、どんな写真よりもうまく、山登りの楽しさ、素晴らしさを伝えることができます。一緒に山に登って、同じ苦労を味わって、頂上で「ほらね！　素晴らしいでしょう?」と言うだけで、すべてが伝わるのです。

中国の古い言葉に、「聞かざるは之《これ》を聞くに若《し》かず。之を聞くは之を見るに若かず。之を見るは之を知るに若かず。之を知るは之を行うに若かず。学は之を行うに至りて止《や》む」（『荀子《じゅんし》』）とあります。聞かないよりは聞いたほうがいい。聞くよりは見たほうがいい。見るよりは頭で理解したほうがよく、それよりも一番いいのは実行してみることである、という意味でしょうか。

口で伝えるよりも、目に見せて伝えるよりも、体験を通して伝えるほうが効果的であるという事実。現在では具体的な研究も進んで、「体験学習」という形となって、教育活動にも積極的に取り入れられています。

子供に大切なことを教えたいときは、一緒にやってみるのが効果的です。教えるほうにしてみたら、口で説明したり、書いたものや写真を見せたりするより手間はかかりますが、一番確実に伝わる方法です。見るだけでは、お話を聞くだけでは分かりにくいことでも、教えられた通り実際に行動してみたらよく分かる、ということがたくさんあります。

◇

天理教の教祖、中山みき様は、人間が幸せになる具体的な方法を、口で話され、また書き物に記されたばかりでなく、自らの行動でもお教えくださいました。

教祖《おやさま》は、いまではお姿を見ることも、お話を聞くこともできませんが、自分の思いを伝えるのに最高の方法で道筋を残してくださったのです。それを私たちは、すべての人間の生き方の手本という意味で「ひながた」と呼んでいます。

（2018年7月号）

「幸せ」と「少しの不幸せ」

私は宗教家という仕事柄、相手をする人は「幸せだ」と思っている人よりも、「幸せではない」と思っている人のほうが、どうしても多くなります。「のろけ話」をしに、わざわざ教会へ足を運ぶ人はあまりいません。悩み事や心配事、つらいことなどのお話を聞く機会が多くなりがちです。

そんなときに不思議に感じることがあります。私から見て大した問題ではなさそうなのに、これ以上の苦しみ、つらさはないと訴えられる人がいます。その一方で、誰が見ても、これ以上苦しく、つらい状況はないだろうと思われるのに、けっこう気にならずに暮らしている方もおられるのです。この違いは、どこから来るのでしょうか。

◇

あるところで夕食を取っていました。メニューは全員同じ。ぜいたくな、とは言えない、ごく普通のおかずでした。

たまたま隣に座って食べていた知り合いが、「美味《おい》しいですか？」と聞いてきました。

「はい、美味しいです」と答えると、「あなたはいいですね。私は常日ごろの習慣から、お酒とお刺身《さしみ》がないと夕食を食べた気にならないのです」とおっしゃいました。

さて、問題です。この方と私と、どちらが幸せでしょうか。

私は晩酌をしませんし、お刺身などめったに食べません。はた目には、お刺身を肴《さかな》に毎日お酒を召し上がっている方のほうが幸せそうに見えます。しかし、幸せとは喜びの量でしょう。同じものを出されて「美味しい」と喜んでいる私と、「お酒もお刺身もない」と不平を口にしている方と、果たしてどちらが幸せなのでしょう。考えてしまいますね。

そういう私も、明日から毎日お酒とお刺身を出されたらどうでしょう。しばらくは幸せだなと感じるでしょうが、あっという間に、それは当たり前になります。一カ月間、幸せと感じ続けられるか、自信はありません。そして、それが当たり前になったら、次はそれ以上のものが欲しくなるのです。

意外なことですが、「幸せ」は単独では存在できません。「少しの不幸せ」という下敷きに乗っかっています。理由は簡単です。「幸せ」はしばらくすると

「当たり前」に変化するからです。お酒とお刺身を「幸せ」と感じるためには、それを味わえない「ちょっと不幸せ」という下敷きが必要なのです。

これは「ルビンの壺《つぼ》」のだまし絵に似ていると思っています。ルビンの壺をじっと見ていると、白を下敷きとして見ると黒い壺が浮かび上がり、黒を下敷きとして見ると、向かい合う二人の白い横顔が浮かび上がります。そして、このルビンの壺の場合、二つの絵が同時に見えることはないといわれています。

これと同じで、「幸せ」を見るためには、「少しの不幸せ」を下敷きにしないと見えてきません。また、「幸せ」と「少しの不幸せ」を同時に感じることはできません。

「幸せ」を下敷きにしている人は、良かったところの思い出や、幸せそうな他人を下敷きにしていますから、自分の「少しの不幸せ」ばかりに目が行ってしまい、口から出る言葉は不平不満ばかりになります。視点を変えて「少しの不幸せ」を下敷きにすると、満たされている部分だけが見えてきて、「幸せ」を味わうことができるようになるのです。

さらに言えば、「少しの不幸せ」を下敷きにしなくても、幸せを感じることができるアイテムがあります。それは「感謝」です。物への感謝、人への感謝、そして、そのすべてをお与えくださされている神様への感謝です。当たり前を決して当たり前にしない魔法が、この「感謝」なのです。

幸せは絶対的な条件が決まっているものではありませんし、その総量が決まっているものでもありません。その時その時の自分の心が、幸せの中身とその量を決めています。

天理教では、この「幸せ」のことを「陽気ぐらし」と呼んでいます。「陽気ぐらし」は、はるか彼方《かなた》にあるのではありません。心一つで、いますぐにでも味わうことができる、と教えていただいています。

（2019年7月号）

〝息〟は自らの心の表れ

私たちは常に息をしています。その回数は、一日になんと二万回以上。容積は五百ミリリットルのペットボトルで二万本にもなります。

これほどまでに大切な息ですが、普段は「吸おう」「吐こう」などと全く意識していません。寝ている間も、呼吸は絶えず繰り返されています。今回は、この「息」について考えてみたいと思います。

◇

息をのむ、息が合う、息が詰まるなど、私たちは、自分の気持ちを表したり、相手との関係を表したり、その場の状況を表したりするときなどに「息」という言葉を使います。

また、ため息をついたり、ほっとひと息ついたり、楽器や口笛を吹いたり、ゴミをふっと吹き飛ばしたりと、息の使われ方は実にさまざまです。

冬の日を思い出してください。氷が張るような寒い朝、冷たい手に「はーっ」と息を掛けます。また、熱い味噌《みそ》汁にも「ふーふー」と吹き掛けます。面白いですね。同じ息ですが、冷たいものを温めたり、逆に熱いものを冷ましたりできるのです。

息を使ってする仕事に、「言葉をしゃべる」というのがあります。言葉も息を使って出している。だから、手を温めたり味噌汁を冷ましたりするのと同じように、人の心を温めたり冷たくしたりするのだと考えてはどうでしょう。

悩みがあって暗い気持ちでいる人の心を、優しい声かけで温かくすることもできれば、元気な人の心を、冷たい言葉で一瞬にして凍らせることもできるのです。

同じ言葉を発するなら、できれば元気を失わせるような冷たい言葉よりも、相手の心を明るくするような温かい言葉を使いたいものです。

私はかつて、天理教の鼓笛隊活動で、子供たちに音楽指導をしていたことがあります。

ある年のこと、子供たちのテクニックも表現も上手《じょうず》で、なかなか良い演奏に仕上がったと喜んでいました。このままいけば、コンテストでも金賞をもらえるだろうと確信していました。

いよいよコンテストのパレード当日。本番直前に出番を待っていると、主催者側の係員が、先頭の私にスタートの指示を出しました。その指示に従ったとたん、遠くにいた別の係員が飛んできて、私をにらみつけ、「勝手なことをするな！」と大声で怒鳴《どな》りました。最初の係員の指示が間違っていたのです。

私はついカッとなり、指示を出した係員に「君の失敗は許す。しかし、あの言い方はなんだ！　あいつをここへ呼んでこい」と言ってしまいました。

はっと我《われ》に返り、しまったと思って後ろを振り返ると、そこには表情が凍りついた子供たちの顔がありました。私はめったに怒らない、優しい指導者のつもりでした。でも、緊張感も手伝って、つい本性が出てしまったのです。

慌《あわ》てて笑顔に戻り、平静を装いましたが、時すでに遅し。パレードが始まりましたが、後ろから聞こえる子供たちの演奏する音が、すっかり変わっていて、ついに最後まで本来の演奏を取り戻せませんでした。結果は、金賞にわずか一点足りない「銀賞」でした。

鼓笛隊が使っている楽器は、ファイフ（横笛）や鍵盤ハーモニカなどの吹奏楽器が主ですから、ほとんどの音は「息」を使って出します。子供たちの萎縮《いしゅく》した心からは、萎縮した音しか出てこなかったのです。このときほど、「息」の大切さを思い知らされたことはありませんでした。

◇

考えてみると、「息」という字は「自」の「心」と書きます。先ほど申し上げたため息や、ほっとひと息つく息も、まさに自分の心が息となって出たものでしょう。

言葉もそうです。思いもしないことが言葉となって出た、などということもありますが、実は自分の心のどこかにあったもの。それを封じ込めることができなかっただけなのです。

不思議な息の働き。それをコントロールしているのは、紛《まぎ》れもない「自分の心」だということを忘れないようにしたいものです。

（2020年7月号）

相手に声が届かないときは…

今日は恥を忍んで、最近、実際にやってしまった大ポカの話をします。

◇

スマートフォンの調子が悪くなったのです。通話中、こちらの声が届かないことが、しばしば起こるようになりました。普通に話していても、相手が突然「もしもーし！　あれ？　もしもーし！」と言うのです。

こちらは「はーい！　聞こえてますよー、もしもーし！」と返すのですが、その声は届かず、「あれ？　あれ？」と繰り返すうちに切れる。そういうことが多くなり、日常の生活に支障が出るようになりました。安心して連絡が取れないのです。

「やはり機械類は故障がつきものだな」

携帯ショップで見てもらうことにしましたが、どの日も予約で埋まっていて、やっと一週間後の予約が取れました。

皆さんも経験がおありでしょう。高いお金を払って買ったスマートフォンが故障し、長く待たされて携帯ショップへ行ったわけです。こういうときの客は、たいがい機嫌が悪いものです。文句の一つも言ってやろう、という気分になります。

ショップの店員さんに症状を話すと、私のスマートフォンを見るなり、こう言いました。

「私が電話をかけますから、出てくださいますか」

私は、同年代のなかでは機械に強く、少々の自信もありましたので、（この店員、オレの言うことを信用してないな）と、ますます気分が悪くなりました。そして「いいですよ」と、いささかぶっきらぼうに、鳴っている電話を取りました。


そのときです。店員さんは私を見て「あー」とうなずくと、意外な言葉を発したのです。

「そのままこちらをお向きください……なるほど」

鳩《はと》が豆鉄砲を食らったような顔をしていると、

「お客さまの癖《くせ》ですね。左手の小指の下になっているところに小さな穴があるのですが、そこがこの機種のマイクロフォンになります。そこを塞《ふさ》いでしまうと、こちらの声は先方の方に聞こえません」

「えっ」と驚いて左手の小指を見ると、なんとマイクの穴にかかっていました。

しかし、そこは負けず嫌いの私です。

「でも、おかしいじゃないですか。このスマホは使い始めてもう一年以上経《た》っています。症状が現れるようになったのは、このひと月くらいなんです」

店員さんは、ちょっと小首をかしげて、

「そうですね。もしかしたら、一カ月前にケースを外されませんでしたか？」

なんと、見てきたようなことを言うではありませんか。確かに一カ月前、スマートフォンが熱くなって熱暴走するので、ケースを外したのでした。

「ケースなしでお使いの方に多い現象なんです」

さすがはプロです。

「でも、それだけが原因ではないかもしれませんから、今度そうなったら、再起動するなどして様子を見てください。直らなかったときは、また、いつでもお越しください」

優しい店員さんは、そう言ってニコニコと笑ってくれました。私は、恥ずかしいやら情けないやらで、肩を落として、ほうほうの体《てい》でショップをあとにしたのでした。

◇

帰りながら考えました。私たちは日ごろ、こちらの声が届かないのを相手のせいにしたり、環境のせいにしたりすることはないだろうか。

私も子育ての最中に、よく「何十回同じことを言わせるんだ」という怒り方

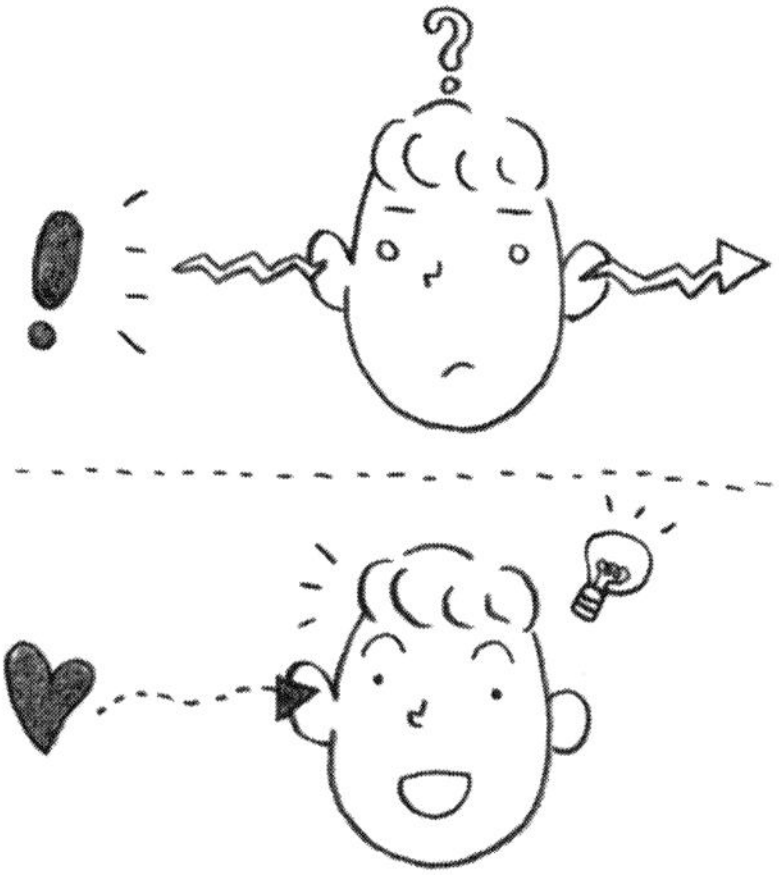

をしました。でも、そういうときは「伝え方が間違っていないだろうか」と、もう一度考え直してみる必要があるのかもしれません。もしかしたら、子供と通話するマイクに蓋《ふた》をしているのは、こちらの心かもしれないのです。

子供が同じことを繰り返すのは、「その伝え方では何も伝わらないよ」という、はっきりとした返事を、態度として表しているのかもしれませんよね。

そういう場合は、伝え方を変えてみるべきなんだな。しかも、「ちょっと小指をずらすだけ」くらいのことでいいのかもしれないな。

そんなことを考えているうちに、私の恥ずかしい体験も、まんざら役に立たないこともなかったと、少し気が晴れてきたのでした。

（2021年7月号）

心に吹く風

秋

神様に通じる願い

今年も日本中で災害が起きています。不幸にも亡くなられた方のご家族には、謹んでお悔やみ申し上げますとともに、災害に遭《あ》われた方に心よりお見舞い申し上げます。

◇

さて、災害現場で汗を流す頼もしいボランティアの姿も、いろんな場面でよく見かけます。自分のことを横に置いて、困っている人のために一生懸命に頑張っている人は、みんな生き生きした表情をしています。心に病を抱えた人が、ボランティアに参加することによって快方に向かうこともあります。

やはり人間は、もともと困っている人を見れば、じっとしておれない生き物のようです。そういうふうに神様は、人間をお造りになったのです。私たちの魂の設計図には、もともと「たすけ合いのスイッチ」が組み込まれているのでしょう。

私がかつて、天理教のある講習会を受講したときのことです。いろんな年齢の人が一緒のクラスで学んでいました。

その講習会は三週間続きます。そのうち三日間までは休めますが、四日休んだら最初から受講し直さねばならないという、厳しい決まりがありました。

私が受講したのは三月のことでした。春とは名ばかり。その年は特に寒く、講習会の期間中に雪が降ることもありました。同じクラスのある男性が、寒さのせいか風邪をひいてしまいました。高熱が出て、起き上がることができません。お世話係を務めていた私は、心配で宿舎まで毎日、様子を見に行きました。でも、なかなか熱は下がらず、いつも横になっていて苦しそうでした。

一日欠席し、二日欠席し、とうとう三日目も欠席してしまいました。私は思いきって、クラスの皆に呼びかけました。

「せっかく同じクラスになったんだから、一緒に修了したいと思いませんか。いまから、みんなで神様にお願いしに行きましょう!」

呼びかけてはみたものの、どれだけ集まってくれるか心配でした。しかし集合場所の光景に、私は目を見張りました。五十人以上いるクラスのほとんどが集まってくれていたのです。

「ありがとうございます。さあ、行きましょう！」

私たちは神殿へ行き、みんなで心を揃《そろ》えて、一生懸命に神様にお願いしました。そしてその足で、私は男性のところへ駆けつけました。

すると不思議なことに、高熱で起き上がることができなかったはずの男性が、起きてご飯を食べているのです。

「もう気分は良いのですか？」

「ああ、不思議なことだ。さっき夕方六時ごろ、ふと目が覚めて、気分が良いのでご飯でも食べてみようと思ったら、食べることができたんだ」

六時というのは、みんなが一心に神様にお願いをしていた時間でした。私から子細を聞いて、男性は涙を流して喜びました。

「ありがとう、ありがとう」

何度もそう言って、手を合わせました。

こうして男性は次の日から、元気に講習に出てくるようになったのです。

それから数日後、今度はある受講生が、高熱を出した赤ちゃんの看病のために三日間欠席しました。このときも、みんなでお願いをして、やはり次の日の四日目に赤ちゃんの風邪が治り、お母さんは無事に講習に来られたのです。

こうして私のクラスは、全員無事に修了することができました。

このことを科学的に説明しようとしても無理でしょう。私たちの願いが神様の思いに沿い、奇跡を呼んだとしか言いようがありません。

私たちのクラスには外国人もいました。年齢も性別も性格も、育った環境も置かれた状況も、みんな違う。たまたまそのクラスに偶然集まった人たちです。

でも、そういうお互いを全く知らない人同士でも、心を一つに合わせさえすれば、思いは神様に通じるのです。
いや、むしろ全く知らない人同士がたすけ合っていくことを、神様はお望みなのかもしれませんね。

（２０１７年10月号）

生かされている意味

私は、教誨師《きょうかいし》を務めています。教誨師とは、刑務所にいる受刑者の徳性を養ったり、宗教心を培ったりするためにお話をする宗教家で、ボランティアで務めています。

一般にはあまり知られていないのですが、刑務所には「級」があります。「A級」「B級」「L級」「Y級」などと、アルファベットで表記されており、その記号を見ただけで、どんな人が収容されているのか分かるようになっています。

私が教誨師を務める刑務所は「ＬＢ級」です。Ｌはロング（長期刑）のＬ、Ｂは累犯者を意味します。長期刑の累犯者、つまり重罪専門の刑務所で、懲役十年未満の受刑者はいません。窃盗や詐欺《さぎ》程度の軽い刑罰を受けた人は、ここには収容されません。

教誨には、集合教誨と個人教誨とがあります。集合教誨とは、教誨師が定期的に刑務所を訪れ、希望する受刑者が一堂に集まって話を聞く、一方通行の教誨です。

それに対して個人教誨は、受刑者が「願箋《がんせん》」と呼ばれる書類を提出して、指名した教誨師と一対一で行われる教誨で、カウンセリングのようなこともできます。願箋を出して六カ月待ち、一年待ちということも多く、約三十分の教誨を楽しみにしておられる方は少なくありません。

あるとき、高齢の受刑者から私宛《あ》てに願箋が出ました。以前も時々、個人教誨をしていた方ですが、久しぶりに会うと、ひどく痩《や》せておられました。お聞きすると、脳梗塞《こうそく》で二回倒れたとのことです。

「それは大変でしたね」

「先生、二回も死ねなかったよ」

「えっ？　そんな言い方をすると、死にたいと思っているみたいじゃないですか」

受刑者は寂しそうに、「もう死んでもいいかなって」と答えました。そして「ここにいたって楽しいこともないしさ。生きている意味がない」と言って、うつむかれるのです。こういうことは、長期刑の受刑者には時折あることです。

私は、少しまなじりを決して語調を強め、「そんなこと言わないでください」と申しました。

「ちょうどいい。今日はその話をしましょう。あなたはなぜ生かされているのか、ということです」


こうして、その日の私の個人教誨が始まりました。

「いいですか。よく聞いてください。

あなたは、ここで生きていても意味がないとおっしゃいましたね。そりゃあ無期懲役ですから、いつ出られるか分かりません。意味を見いだすのは難しいでしょう。しかし、神様の目から見たらどうでしょうね。

神様は全知全能なんです。あなたのことを『もう要《い》らない』と思われたら、今の今にも心臓を止め、命を引き取ってしまうことだって可能なのです。でも、あなたはこうして生きている。その意味は何でしょうね。それは、あなたにしかできない人だすけがあるということですよ」

受刑者は、すっと顔を上げました。

「たとえば、あなたがトイレに入ったとします。出てくるとき、トイレの下駄が散乱していました。あなたは黙ってそれを並べて出てきた。

それをたまたま若い衆が見ていたとしましょう。『あの親分、娑婆《しゃば》にいるときは大親分だったけど、なんて清々《すがすが》しい姿だろう』と、ここにいる五百人のうち一人でもそう思った人がいて、それがその若い衆の更生に役立ったら、あなたはその人をたすけたことになる。それは私にはできない、この塀の中にいるあなたにしかできない、人だすけなんです。

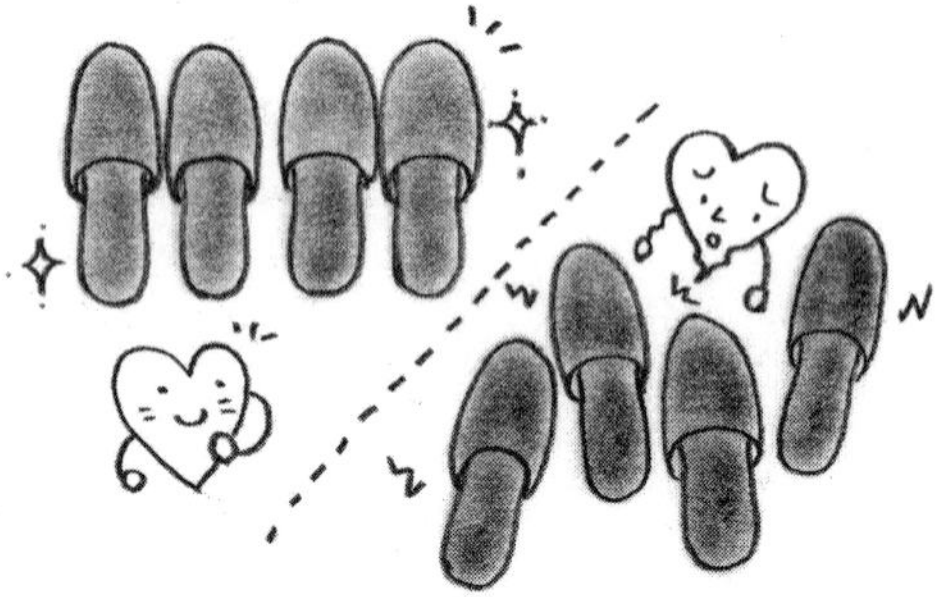

分かりますか。これは一例です。あなたの一挙手一投足を誰かが見ています。毎日の生活を、親神様の教えに沿った生き方にする。それが人だすけになるんです。どこにいたって人だすけはできるんです。親神様があなたを生かしてくださっている親心、分かりますか。頑張って生きましょう。もう、死にたいなんて言わないでくださいね」

いつしか受刑者の目には、光るものが浮かんでいました。

（２０１８年10月号）

子供の限界をつくっているのは…

天高く馬肥《こ》ゆる秋。

その澄んだ空気のせいでしょうか。秋はスポーツや文化を楽しむ人には、うってつけの季節のように感じます。

私は現在、近くの小学校の英語の授業のお手伝いに、定期的にお邪魔しています。この時季、スポーツ大会や文化祭などの行事がめじろ押しです。学校を訪れるたびに、子供たちの笑顔と校庭を走り回る姿から元気を頂いています。

◇

さて、子供の教育に関わっていて思うことがあります。教育とは、子供がまだ知らない知識を教えることだと思っている方も少なくないと思いますが、本当にそうなのだろうかと。

たとえば「１＋１＝２」ということを子供に教えます。「あ、そうか。１＋１は２になるんだ」と、子供が理解します。

ここで少し考えてみましょう。知らないことを教えるのが算数の教育なら、次は１＋２、次は１＋３……と、子供がまだ知らない足し算を永遠に教え続けなければなりません。ところが、ほとんどの子供は１＋１を理解した途端、その応用で、ほかの足し算をどんどん理解していきます。つまり１＋１を教えたのは、実は「１＋１＝２」という結果を教えたのではなくて、子供がもともと持っていた「数」の数え方、つまり「数」というものの捉《とら》え方を引き出したにすぎないのです。

これは一事が万事に言えるわけで、理科の実験にしても、社会科の調べ学習にしても、あるいは国語科の文学鑑賞にしても、教育現場で行われていることは、もともと子供が持っている能力を少し触発して、新たな気づきを引き出すということが多いのです。

そもそも、家庭教育を含めて教育というものは、新たなものを子供にくっつけてやる、いまだ持っていないものを持たせる、ということではないように思えます。

「お手伝いをしなさい」と家庭で子供にしつける場面を考えても、子供が手伝うようになるのは、言われたからするのではありません。たとえ最初はそうであったとしても、お手伝いをするうちに、人の役に立つ喜び、思いやり、優しさといった、もともと子供が持っている感性が目覚めて、伸びてくる。だから子供は、自ら進んでお手伝いをするようになるのだと思います。お手伝いをする姿というのは、決して親がつくって与えたものではありませんよね。

教育とは引き出すこと――。そうであるならば、子供の能力は、引き出し役を務める周囲の能力に大きく左右されます。子供の限界をつくっているのは、実は引き出し役のほうです。子供に無限の可能性があることは、日常生活でも時折垣間《かいま》見ることがあります。しかし、引き出し役に限界があるならば、そこが子供の伸びる限界になる。そこまでしか子供は伸びないのです。

ここに、親や教師が学び続けなければならない理由があります。親も教師も自ら伸び続けていかなければ、やがて子供の能力を引き出すことができなくな

Σ=xi

ってしまうのです。子供の限界を少しでも引き上げるためには、周りの大人は、たゆまぬ努力をしなければならないのではないでしょうか。

◇

もしも周囲に自らの限界を感じているお子さんがいたら、悩んでいる子供さんにばかり目を向けるのではなく、自分を含めて、その周りにちょっと目を向けてはどうでしょう。子供が感じている限界は、もしかすると親の限界であり、教師の限界であり、周囲の限界なのかもしれません。

そしてそれは、いろんな場面でも言えることだと思います。相手がこちらの思いをうまく受けとめられず、伸びてくれないなあと感じるときは、相手を責める前に自分を振り返ることで、解決につながることがあります。自分には学び続ける姿勢があるだろうか。自分を高める努力をしているだろうか、と。

自分を高める努力を続けている人の周りには、不思議に〝変わりたい〟〝引き出されたい〟と思っている人が集まってくるように思います。

（2019年10月号）

ボランティアの笑顔

私の住む熊本県は、四年ごとのオリンピックイヤーに、大きな災害に見舞われてきました。八年前は「平成二十四年七月九州北部豪雨」、四年前は「平成二十八年熊本地震」、そして今年は「令和二年七月豪雨」によって、人吉《ひとよし》市をはじめとする球磨《くま》川流域が水害に見舞われました。

新型コロナウイルス感染症の影響でボランティアの人手は県内に限られ、復興は思うように進んでいません。災害から相当の日数が経《た》った現在でも、手つかずの被災建物がたくさん残っています。

◇

先日、娘と人吉市へ行ってきました。ボランティアセンターで受け付けを済ますと、オリエンテーション会場で説明を受けます。その後「マッチング」といって、依頼者が提出した票に基づいてグループ作りが行われ、現場に出動するのです。

私は、なるべくきつい作業の依頼票を選んで手を挙げるつもりでした。どんな人たちと作業をするのだろうと、少しわくわくしながら、「泥出し」と読み上げられた依頼票に、さっと手を挙げました。

現場は六人という指定で、私と娘のほかに二組の夫婦がご一緒することになりました。二組ともボランティアは初めてとのことで、私がグループリーダーになって作業を指揮することになったのです。

二組のご夫婦は少し緊張気味です。「いろいろ教えてくださいね」と、ぎこちない笑顔でおっしゃるご夫婦に、「大丈夫ですよ」と声をかけながら、私は四年前に出会った、真面目で真っすぐな瞳《ひとみ》の女子学生を思い出していました。

それは、ある大学の学生ボランティアチームを熊本地震の被災地にご案内したときのことです。視察に訪れた先生方やチームの代表者と、現地のボランティアセンター長との面談をセッティングして、活動について打ち合わせをしていました。

ひと通りの話が終わって、センター長さんが「何かほかに質問は？」と水を向けたとき、ある女子学生が絞り出すように、こう言ったのです。

「ボランティアさんたちが笑顔で楽しそうに、ピースサインをしているのをS

NSでよく見かけます。私は、被災された方のつらさを思えば、被災地で、歯を見せてピースサインなんか、よくできるなと、いつも残念に思っていますが、どう思われますか」

少し涙ぐみながら、本当に残念そうに、慎重に言葉を紡いでいました。

私は、この難しい質問にセンター長さんは、どうお答えになるのだろうと思い、言葉を待ちました。

「お嬢さんはいい娘さんですね。でもね、それは少し違うんじゃないかな」

そっと瞳を上げた女子学生に、センター長さんは続けて、こうおっしゃったのでした。

「私は毎朝、このボランティアセンターに来る人を見ています。受付に並んでいる人たちは、そのほとんどが真っ青な顔をしてうつむいています。なぜだか分かりますか？　ここに来るまでに、さんざんテレビで、あるいは実際に、悲惨な被害の状況を見てきているからです。『この状況で私に何ができるだろう。こんな私で役に立つんだろうか』と、そういう不安を抱えながら並んでいるのです。なかには、本当に受付で倒れてしまう人だっています。

でも、活動に参加して帰ってきたときの顔は全然違います。いろんな体験をしたり、被災者とお話をしたりして、『私にもできた。私もお役に立てた』という、なんとも言えない達成感と喜びの笑顔で帰ってくるのです。あの笑顔とピースサインはね、その表現なのですよ。だからお嬢さん、許してあげてください。それよりも大切なのは、こうして足を運んで、被災した現場の空気を吸って、においを嗅《か》いで、汗を流すことなんです。一回でも多く、一分でも長く、この現場にお越しください」

見ると、センター長さんも泣いておられました。

◇

娘と行った人吉市のボランティア現場は、十五分で息が上がるほどの重労働でした。でも、初めて来たという二組のご夫婦は、作業が終わったとき、とびきりの笑顔で「ありがとうございました！」と、私に声をかけてくださいました。

（2020年10月号）

「自分と未来」は変えられる

「過去と他人は変えられない」

カナダ出身の精神科医、エリック・バーンの言葉です。

この言葉がよく引用されるのは、ある人間の特性が見事に言い表されているからだと思います。つまり、人は往々にして、自分の不幸の原因を「過去と他人」のせいにしがちだということです。

「過去をやり直すことができればなあ」

「あの人さえ変わってくれればなあ」

そうなれば、もっと幸せな人生を送れるのではないか。そう思ったことは私にも覚えがありますし、似たような経験をお持ちの方も多いと思います。

◇

私は、人が悩み事を心に受け入れ、消化していくには四つの段階があると思っています。分かりやすく「起・承・転・結」と名づけてみます。

まずは「起」です。悩み事のない人などいません。どんなに幸せそうな人でも、心の中に分け入ってみれば、悩み事の一つや二つは持っています。ここで、最初に述べた「過去と他人」が登場します。自分の悩みの原因を「過去と他人」に求めるのです。

「あのとき、なぜああしなかったのだろう」

「私が悪いんじゃない。あの人のせいだ」

私は、これが悩みの初期段階、第一段階だと思っています。とはいえ、この初期段階で止まっている人のいかに多いことか。私のところに相談に訪れる人は、ほとんどそうです。

しかし、残念ながら過去は変えられません。また、他人を変えようといくら忠告しても、それで自分の幸せは得られません。すべての面で自分の思い通りになる人など、この世に存在しないからです。たとえ一部分だけ変わっても、自分の思いと違う場面が出てくるたびに、また同じ悩みが登場します。

こういうことが繰り返されると、自分の不幸を「過去と他人」のせいにすることを諦《あきら》めて、次の段階、すなわち「承」の段階に入る人がいます。

「これは私の宿命なのだ。抗《あらが》っても無駄。受け入れるしかないのだ」

一見、この受け入れ方は悟りの境地、達観の域のように見えます。しかし本当に、それで納得できますか？　幸せになることを諦めて、心の底から真の元気が出てくるでしょうか。

私は、本当に悩み事を解決するには、ここからさらに二つのステップが必要だと考えています。一つは「転」、もう一つは「結」ですが、最後の結からまいりましょう。

「結」とは何か。それは「過去と他人」の対極に答えがあります。「過去と他人は変えられない」。この言葉をよく吟味すると、別の意味が浮かんできます。「変えられるのは自分と未来」だということです。

他人が変わる可能性があるとしたら、それはまず自分が変わること。気づかなかった面に気づく。当たり前だと思っていたことが、そうでないと気づく。その結果、喜べなかった相手のことも受け入れられるようになる。そうなると、不思議と相手も変わってくれます。

そして、その瞬間から未来が変わり始めます。周囲は何も変わっていなくとも、少なくとも見える世界が変わってきますから、心に映る風景も変わって見えるはずです。あなたに真の笑顔は必ず訪れます。

その「結」を導くための「転」こそが、最大の要素です。「転」とは、切り替えのチャンスのようなもので、時によって人との出会いであったり、かけられた言葉であったり、偶然目にした文章であったりします。そして悪いことに、この「転」は、つかみ損なうと一瞬で過ぎ去ります。〝幸せの女神〟を手放し

てはいけません。

さらに重要なことは、「起」も「承」も、この「転」を呼び寄せるために必要不可欠なものだったのだということです。無駄な悩みなど、この世にありません。すべてこの「転」を引き寄せるための、必要な苦しみだったのです。なぜなら、深い悩みを持っていない人には「転」は見えないのです。見えても心に残らず、「ふーん」で終わってしまいます。

このメッセージをお読みのあなた。私も誰かの「転」になりたくて、これを書いています。願わくは、明るい未来があなたに訪れますように。

（2021年10月号）

感謝がもたらす心豊かな生活

ある日のお昼どき、家族と回転寿司《ずし》のお店に入りました。はす向かいのテーブルには三世代とおぼしき家族が陣取り、まだ小さい子供がテーブルではしゃいでいます。自分の子育て道中を思い出して、微笑《ほほえ》ましく眺めていました。

そのうちに、子供が勢いよく通路を走り始めました。通路の側に座っていたのは、祖母と思われる年配の女性。「危ないよ」と声をかけながら、そっとテーブルの角に自分の手のひらを当てました。案の定、子供は、そのおばあちゃんの手の甲に頭をぶつけてしまいました。最初はびっくりしていましたが、それが契機となって少しおとなしくなり、テーブルに座りました。

「すみません」と、おばあちゃんに声をかけた若い女性はお母さんでしょう。

「大丈夫、大丈夫」。おばあちゃんは何事もなかったように手の甲を見つめて、すぐに顔を上げ、孫のほうを見て目を細めました。

◇

私は、この光景を懐かしく眺めていました。おばあちゃんの行動は自分にも覚えがありましたから。注文したお寿司が届くまでの、ほんの少しの時間、私の想像はこのシーンを超えて、連想のおもむくままに広がっていきました。

おそらく、このおばあちゃんは孫が大きくなってからも、「〇年〇月〇日、あなたが頭にコブを作らなかったのは、私がカバーしてあげたからよ」などとは言わないでしょう。また、おばあちゃんの記憶にも、もちろん孫の記憶にも、このことは残らないかもしれません。それほど些細《ささい》なことです。しかし、孫の頭部を確実に怪我《けが》から守ったのは、おばあちゃんの優しさでした。

私は思いました。これと似たようなことが、神様と人間との間に起こっているのではないか。神様は私たち子供が怪我しないよう、先回り先回りして守ってくださっているのではないか。そしてそれは、決して語られることのない無償の愛情ではないかと。

「神様は大難を小難に、小難を無難に守ってくださっている」とよく言います。いろんな宗教に似たような教えがあります。でも実際、このことは人間には分かりません。特に「小難を無難」に至っては、全く分かりようがありません。無難、つまり何も起こらなかったのですから。

しかし信仰を持つ人は、難があるたびに、「ああ、大難を小難にしてくださった。きっと小難も無難に変えてくださっているのだろう」と、こう思いを変えてきたのです。

普通は、「そんなことがあるものか。すべては偶然だ」とか「起こるべくして起こるのだ」などと思うでしょう。もちろん、どう考えようと個人の自由ですから、それをとやかく言うつもりはありません。

でも、一つだけ言えることがあります。「神様に守っていただいている」と思う人の心には、その瞬間、感謝の心が芽生えているということです。そして、その感謝は心に優しさを生みます。

先ほどのシーンを思い出してください。

「すみません」と声をかけたお母さんは、おばあちゃんの優しさにふれ、おばあちゃんに感謝します。そして、次に同じような場面があれば、自らもそうす

るでしょう。そしていつか、自分がおばあちゃんになったとき、自分の孫に、自然にそういう行動を取るはずです。

こうして恩は人から人へ送られていきます。誰かに守られている。そう思うことで生まれる感謝が、思いやりにつながる。その思いやりが別の思いやりを生みだす。なんと麗しい心の連鎖でしょう。これが、信仰が育《はぐく》む風景、感謝がもたらす心豊かな生活のありがたさだと思います。

◇

自分のテーブルのブザーが鳴りました。ふと我《われ》に返ると、レールに乗ったお寿司が音もなく横に止まりました。私の孫が嬉《うれ》しそうにお皿を取り、満面の笑みで食べ始めました。

それを見ていた私も幸せな気分になりました。

（2022年10月号）

心に吹く風　冬

非行少女と「おっちゃん」

中学三年生のさゆり（仮名）は、ひどく荒れていました。私が部屋を訪れると、しゃがみ込んでタバコを吸いながら、「おまえ、誰や！」と、斜め四十五度で私をにらみ上げました。十二月のある寒い夜、これが私とさゆりとの出会いでした。

◇

さゆりの母親が、「娘をなんとかしてほしい」と私のもとを訪れたのは、そのわずか数十分前のことです。私が教員の免許を持っているという噂《うわさ》を聞きつけ、高校につてがあるかもしれないと、藁《わら》にもすがる思いで来られたのでした。

さゆりには、深夜徘徊《はいかい》、暴走行為に加えて、シンナーの非行歴がありました。ある程度の学力不振なら入れてくれる高校はありますが、薬物の非行歴がある子供に対して高校は厳しい態度を取ります。周囲を巻き込む恐れがあるからです。その名前がすでに知れ渡っているのか、打診した高校すべてから入学を断られていたのでした。

私に高校へのつてがないと分かった母親は、いささかがっかりされましたが、私は「とにかく娘さんに会わせてください」とお願いしました。そして、その足で自宅に向かい、さゆりの部屋をノックしたのでした。

私のどこが気に入ったのでしょう。「とにかく明日からうちにおいで」と誘うと、素直に「うん」と言ってくれました。

「お母さんが安心するように、勉強道具を持っておいで。でも、心配は要《い》らないぞ。勉強なんてしないから」

次の晩から、さゆりは勉強道具を抱えて、うちにやって来るようになりました。約束通り勉強など一切せず、いろんな話をしました。

さゆりはさゆりなりに、重たい荷物を背負っていました。一番つらかったのは、薬物依存を断ち切るために、精神科の独居病棟へ強制入院させられたことだと話してくれました。母親と離婚した父親の思い出話もしてくれました。

あるとき、母親の話になりました。いつものように「ふんふん」と聞いていたのですが、「クソばばあ」を連発して罵《ののし》るさゆりに、少し頭にきて「ちょっと待て」と話を遮《さえぎ》りました。

「こら、クソガキ！」

「私はガキじゃない！」

言い争いになりました。

「あのな、大人というのは、母親を一人の女性として見ることができて、初めて大人なんだ。おまえの母親を見てみろ。この人と信じた人に裏切られ、この子だけはと手塩にかけたつもりの娘は、グレて手がつけられない。こんな悲しい女性がいるか？　それを、言うに事欠いてクソばばあだと？　おまえが母親をクソばばあ呼ばわりするうちは、オレはおまえのことをクソガキと呼ばせてもらう。分かったか、このクソガキ！」

日ごろ話を聞いてくれる「おっちゃん」の暴言に、さゆりは怒り心頭。「もういい！」と怒って帰っていきました。さゆりが出ていった後、「ああ、これで明日から来てくれないな」と、自分の短気を責めましたが、後の祭りです。

しかし次の日、いつものように勉強道具を抱えて、さゆりはやって来ました。いつもと違うことが一つだけ。座敷に座るなり「おっちゃん、勉強教えて」と、ぽつりと言いました。

「よし！　やろう」

それから特訓が始まりました。入試のシーズンはもう目前です。アルファベットや掛け算の九九から始めて、一生懸命勉強しました。

本人の努力の甲斐《かい》もあって、ある学校が受け入れてくれることになりました。

その学校の准看護師養成科に通いだしたさゆりは、深夜の暴走行為もやめて、

見違えるほど立派になりました。

◇

月日は流れ、いま、さゆりは二人の子供を抱えるお母さんです。
「クソばばあ」呼ばわりしていた母親の苦労も、少しは分かる年ごろになったかなあと、想像しています。

（2017年1月号）

〝神様の予定〟はいつから？

「一年の計は元旦にあり」などと申します。過ぎし一年は、計画通りに進みましたか？　人間の場合は、なかなか予定通りには進まないものです。トラブルで予定変更を余儀なくされることもしばしば。

では、〝神様の予定〟はどうでしょうか。

◇

うちの敷地内に、プレハブ建ての三坪（六畳）の倉庫がありました。古いものを頂戴《ちょうだい》し、移築してから二十数年経《た》っており、かなり傷んでいました。平成二十七年八月、「台風が来たら壊れるね」と、信者の大工さんと建て直しの相談をしました。

直後の二十六日、その言葉通りに台風が、私の住む熊本県玉名《たまな》地方を直撃。強烈な東風にあおられて、あえなく倉庫は全壊しました。ガラスの破片が隣の畑に飛び散って、片づけるのが大変でした。

私には保険業の友人がいます。その友人が何げなく勧めてくれて、その倉庫も保険に入っていました。そのことを思い出し、すぐに連絡すると、「工事費込み六十五万円」という見積もり通りに、すんなりと保険金が支払われたのです。

さて、そのお金で倉庫を建て直そうと思っていた矢先、すぐ裏の空き家の持ち主から「家と敷地を買ってほしい」と相談が来ました。宅地だけで百坪あります。さらに隣接する百六十坪の田んぼも、同時に買ってほしいとのことでした。

もとより、そんな蓄えはありませんから、「お金がありません」とお断りしました。「いくらなら、あるのですか?」とお聞きになるから、「六十五万円ならあります」とお答えしました。すると「じゃあ、その値段でいいでしょう」との返事。

びっくりしました。どう考えても破格の値段です。実は、いろんな事情があり、家主さんも早く売ってしまいたいと思われたようです。とんとん拍子に話が進み、売買契約を交わし、登記をしたのが翌二十八年一月でした。プレハブの倉庫に入っていた荷物は、全部その家の倉庫の隅っこに収まりました。

十年以上誰も住んでいなかったので、家の中はかなり汚れていました。「まあ、ぼちぼち掃除しよう。何に使おうかな。近所の子供を集めて勉強でも教えようかな」などと、いろいろな考えを巡らせました。

そうこうするうちに三カ月後、四月十四日を迎えるわけです。そう、震度7の地震が二回、さらに四千回を超える余震が地元を襲った、平成二十八年熊本地震です。

幸い、私の住む地域は被害が軽くて済みましたので、その日から二週間、私は家に帰らず被災地支援活動を行いました。活動拠点で、あるグループと一緒になりました。先長く被災地支援に入りたいが拠点がない、とのことでした。

「うちの裏の家が空いているけど、使う？」

そう申し出ると、渡りに船とばかりに、あっという間に室内をきれいに掃除して、それからここが彼らの拠点となりました。そして「ひのきしんセンター」と命名したその空き家に一年間、二十九年の三月まで入れ替わり立ち替わり、延べ何百人という人たちが全国から集まり、被災地へのボランティアに出動したのです。

隣接する田んぼでは糯米《もちごめ》を作り、数カ所の教会のお供えのお餅《もち》を賄《まかな》っています。

神様はこうした顚末《てんまつ》を、一体いつから予定に入れておられたのでしょう。裏の空き家の家主さんが話を持ってきたときから？　台風が来たときから？　いえいえ。実はこの空き地と田んぼ、もともとは、うちの教会の初代会長のものだったのです。いまから約六十年前、教祖《おやさま》七十年祭という大きな節目に、

その田んぼを、住む所がなくて困っていた人に安く売って神様にお供えしたのです。

神様は、その土地に家を建てさせ、のちに空き家にしたうえで、台風によってうちの倉庫を全壊させ、保険金を拠出させ、事情によって家を売りに出させ、私に買わせたうえで、地震の被災地支援に役立てるよう、お返しくだされたに違いありません。

◇

物語は、これで終わりでしょうか。私はそうは思っていません。今後も続く〝神様の予定〟を楽しみにしたいと思います。

（2018年1月号）

どっちが真っすぐ？

「人間の悩みは、すべて対人関係の悩みである」

心理学者、アルフレッド・アドラーはこう断言しました。それほど人付き合いは難しい面を持っています。人それぞれ心が違いますから、対立や争い事の種も尽きません。

私のところにも、この手のことで相談に来られる方がいますが、皆さん、異口同音にこうおっしゃいます。

「どう思います？　どう考えても相手のほうがおかしいでしょう」

ここで、「いや、あなたのほうがおかしいですよ」などと言おうものなら、目を三角にして、私まで悪者にされてしまいます。ですから私は、こう言います。

「確かに、相手の方はおかしいですよ。おかしいですとも！　でも、ゼッタイに真っすぐな人って、いるんでしょうかね？　この〝真っすぐ〟について考えてみましょう」

そして、こういう話をするのです。

◇

私が生まれ育った教会に、ある年配の方が住み込んでおられました。神様に毎日お神酒《みき》をお供えするので、そのお下がりのコップ一杯のお酒を、美味《おい》しそうに飲まれるのが夕食時の日課でした。

ある日、「ご飯ですよ」との声に食堂へ行き、ふとその方の席の前に据えてあるお酒を見ると、一匹の小さい虫が浮いていました。その方はもう、そこまで来ておられる。注ぎ直す時間はない。私はとっさに、それをそっと摘《つ》まんで捨てたのです。

それを私の妹が見ていました。まだ小学二年生です。なんということをするんだという、不信感いっぱいの目でした。

いざ、その方がお酒を飲もうとした瞬間、案の定、妹が「あ〜！」と声を上げました。

「おじちゃん、そのお酒には……」

そう言いかけたとき、私は妹に向かって「黙っていなさい！」と怒鳴《どな》ったのです。妹は、なぜ怒鳴られるのか分かりません。猛烈に抗議してきました。

「どうして？　お兄ちゃん、ずるい！」

何事もなかったかのように黙ってお酒を飲ませる兄。妹には私が極悪人に見えたでしょうね。お酒に小さい虫が浮いていたと教えてあげること。これが妹の正義であり、「真っすぐ」です。どこも間違っていません。


では、私はなぜ「黙っていなさい！」と怒鳴ったのでしょう。

私はその方の性格をよく知っています。虫が浮いていたと教えたくらいで、そのお酒を捨ててしまわれるような方ではないこと。新しいお酒をお出ししようとしても、かえって遠慮なされ、「そのお下がりでいい」とおっしゃること。

そういうことが簡単に想像できました。

だったら、最初からそういうことを知らないほうが、美味しく飲んでもらえるのではないか。そう思って私は「黙っていなさい！」と怒鳴ったのです。これは私なりの正義であり、「真っすぐ」です。

いかがでしょう。こうなれば、もはやどっちが「真っすぐ」かという議論ではなくなっているのではないでしょうか。どっちが正しいかではなくて、どっちが相手に対して誠真実かということになるでしょう。人間の「真っすぐ」に正解などないのです。

◇

こういうことは日常生活でよくあります。お互いの「真っすぐ」を主張し合う。そして揉《も》め事になり、けんかになり、人間関係に大きな溝が生まれる。

では、どうすればいいのでしょう。

大切なのは、自分の「真っすぐ」をいったん横に置いて、もしかしたら、そ

の人なりの「真っすぐ」があるのでは、と考えてみること。心の余裕ですね。そして、どちらかの「真っすぐ」に無理に合わせようとするのではなく、どちらも「天の定規」に合わせようと努力することです。

天理教の教祖、中山みき様は「世界の人が皆、真っ直《す》ぐやと思うている事でも、天の定規にあてたら、皆、狂いがありますのやで」と教えてくださいました。

（2019年1月号）

三歩進んで二歩さがる

幼いころの私は、同郷の演歌歌手、水前寺清子《すいぜんじきよこ》さんが好きな、少し変わった子供でした。小学校低学年のころ、バス旅行で「いっぽんどっこの唄《うた》」を、コブシをきかせながら歌ったとき、先生たちが目を丸くして驚かれたのを覚えています。いまでは、そのときの歌唱力はどこへ行ったのやら（笑）。

また、水前寺清子さんが主役を演じた「ありがとう」というドラマのシリーズは、毎回楽しみに見ていました。婦人警官、看護師、魚屋などに扮した彼女の歯切れのいい役どころは、母親役の山岡久乃《やまおかひさの》さんの演技力とともに、いまも印象深く覚えています。

◇

彼女の代表作に「三百六十五歩のマーチ」という歌があります。私は最近になって、「この歌はすごい歌だなあ」と思うことが多くなりました。「〽しあわせは歩いてこない　だから歩いてゆくんだね」という詞で、歌は始まります。

どうも私たちは、悪いことさえしなければ、幸せが向こうのほうから「ご機嫌さん」と訪ねてきてくれるような感じを抱いていますよね。でも、この歌は「歩いてこない」と断言しています。これって、すごいと思いませんか。

私は、いろんな方から相談を受けるときに、「何も悪いことをしていないのに、なぜこうも次々と嫌《いや》なことが起こるのでしょうか？」という問いかけを、しばしば耳にします。しかしこの歌は、幸せというのは待っていてはダメで、こちらのほうから歩いて近づく努力が必要であると教えてくれているのです。

その近づき方が、またすごい。「一日一歩　三日で三歩」。

人間誰しも一日に五歩も十歩も進みたいじゃないですか。特に、この歌がリリースされた一九六八年といえば、高度経済成長の真っただ中です。日本中が我《われ》も我もと、前進を競い合っていた時代に「一日一歩」というのです。どういう時代であれ、コツコツと少しずつ進むことの大切さを教えてくれている気がします。

そして、さらに「三歩進んで二歩さがる」と続きます。

これも、何げなく見えてすごい歌詞ですよね。誰だって前に進んでいるときはいいのです。でも、後ろにさがっているときの苦しさといったら、並大抵ではないでしょう。しかも、一歩ではなく二歩もいっぺんにさがるのです。苦しいですよ。時には「もう前には進めないいんじゃないだろうか」と思うことさえあります。それをカラッと歌ってしまうのです。

確かに、人生で苦しいことは避けて通れません。でも、思い返してみれば、三歩進む前より、少なくとも一歩前進しているじゃないですか。ここに気づいていますか、と教えてくれているように思うのです。

それが「汗かき　べそかき」の歩みです。

音楽的にいうと、ここからしばらくは短調へ転調します。でも、安心しなさいよ。あなたの付けた足跡には、きれいな花が咲きますよ。決して無駄にはならないのですよと、この歌は励ましてくれます。それを楽しみに、「腕を振って足をあげて……」。

最後がまたすごい。「休まないで歩け」。

ここだけは命令形です。まあ、休んでもいいのでしょうが、要は決して後ろを向かないで、前を向いていなさいということだと思います。過ぎたことをくよくよするんじゃなくて、前を向きましょうと、マーチに乗せて私たちを励ましてくれているのです。

◇

さて、「三歩進んで二歩さがる」ですが、よく似た場面はありませんか。私は、小学校の家庭科で習った「本返し縫《ぬ》い」「半返し縫い」などの「返し縫い」を思い出すのです。その針の動きは、まさしく「三歩進んで二歩さがる」ではないでしょうか。

ひと針ひと針、ただ前に進むだけの「なみ縫い」と違って、この返し縫いは縫い目が強くなります。この三歩の歩みと、二歩さがる少し苦しい経験の繰り返しこそ、私たちの人生を強くし、良い運命に導いてくれるのだと思います。

天理教の教祖、中山みき様は、このつらく苦しい経験は「ふし」ですよ、と教えてくださいました。そのうえで「ふしから芽が出る」と教えてくださっているのです。

（2020年1月号）

支援現場で起こったミラクル

災害ボランティアをやっていると、時々ミラクルなことが起こります。活動している私たちに、偶然をミラクルと感じやすい精神的な要因があるのかもしれません。しかし、そのミラクルが、ボランティア活動の大きなモチベーション（動機づけ）になっていることも決して少なくないのです。

◇

五年前の熊本地震の際に、避難所への配食支援をさせていただいたことがあります。最初は支援物資を運ぶボランティアだったのですが、「温かい食べ物の配食は可能ですか?」と、避難所から問い合わせがあったことがきっかけとなり、拠点として使わせてもらった天理教の教会の全面的な協力を得て、ほぼ毎日、千数百食の食事を配給しました。

拠点の責任者だった私のもとに、たくさんの避難所から、毎日のように配食依頼が届きました。その都度、温かいスープとおにぎり、野菜やミニトマトなどをお届けして、大変喜んでいただきました。教会の関係者、特に炊事担当の方々には毎日、大変なご苦労をおかけしましたが、全国から寄せられた支援米や食材などを使って、いきいきと作業に当たってくださいました。

さて、こういう日々を送るなかに、現場での何かの手違いから、突然、追加の申し込みがあったり、キャンセルの連絡が入ったりすることがありました。追加の場合はいいのです。炊事の方に無理を言って、急いでご飯を炊いてもらって配食すればいいのですから。困ったのはキャンセルの場合です。一生懸命に作ってくださった食事が、一本の電話ですべて無駄になってしまうからです。

「本当に申し訳ありません」とペコペコ頭を下げておられる様子が目に浮かび、現場の混乱ぶりも手に取るように分かるだけに、「いいですよ」としか答えられませんでした。

電話を切ってから、この大量の食材をどうすればいいのかと困惑し、炊事の担当者に対する申し訳なさで心がいっぱいになりました。しかし炊事場に、それを伝えねばなりません。重い腰を上げようとしたその瞬間、再び携帯電話が鳴りました。別の避難所からの息せき切った連絡でした。

「申し訳ありませんが、いまから食事を三百食、お願いできますか？　少々遅くなっても構いません。自衛隊の配食が、手違いで届かなかったんです」

三百食という数字は、いまキャンセルのあった食数と、ぴったり一致していました。

「大丈夫です。すぐにお持ちします！」

そう言って電話を切りました。

こういうことが毎日のように起こりました。しかもキャンセルの食数と追加の食数が、いつもぴったり合っているのです。

あるとき避難所から、六百食の配食を二日連続で頼まれたことがありました。支援物資の食材を調べると、レトルトカレーが六百食分揃《そろ》いそうです。ところが、もう一日分が揃いません。同じ避難所のメニューは、不公平が出ないよう

300食

に統一する必要があります。六百食分の食材は、たやすく揃いそうもありません。

さすがにこのときは、本当に頭を抱えました。すると、また私の携帯電話が鳴ったのです。

「明日、そちらへボランティアに行きます。支援物資として、おでんを六百食持っていきます」

私は耳を疑いました。聞いてみると、購入する予定は五百食だったが、勘違いで百食多く買ってしまったとのことです。

偶然も連日続けば偶然とは言いません。私は確信しました。この支援現場には何か大きな力が働いている。本当のコーディネーターは私ではなく、もっとほかにおられるのだ、と。

その目に見えないコーディネーターのことを、私たち天理教の信者は、「おやさま」と申し上げてお慕いしています。おやさまは、天理教の教祖、中山みき様のことで、いまも存命でお働きくだされる真《まこと》の親なのです。

◇

毎年のように日本列島を襲う災害。今年こそは平穏無事な年でありますように……。

（2021年1月号）

「へそ曲がり」も時には役に立つ

私は「へそ曲がり」を自認していて、常々人にもそうお話ししています。へそ曲がりというより、誰でもそうだと思う当たり前の話や、十人が十人とも反対しない話ほど、「ほんとにそうだろうか?」と疑ってかかる、嫌《いや》な性格のように思います。

たとえば以前、「箸《はし》の上げ下ろしまでとやかく言われる」というお姑《しゅうとめ》さんを持つ方の相談を受けたことがあります。「それは大変だなあ」と気の毒には思いましたが、半面、こうも思うのです。「それほど箸の上げ下ろしとは大事なものじゃないか」と。

また、同じように「重箱の隅をつつかれるようで嫌なのよ」という話を聞くと、「それほど重箱の隅にある汚れなどは気になるのだ」と、つい思ってしまうのです。

◇

私も最初は、このへそ曲がりな性格を少々気にしていました。しかし、あるとき「へそ曲がりな性格も時には役に立つのではないか」と気づきました。この性格のおかげで、見えなかったものが見え、自分からどうしても離れない悩みを解消するウラ技に、何度もつながったからです。

たとえば、先ほどの「箸の上げ下ろしまでとやかく言われる」というのを例にとって考えてみましょう。親や配偶者から、あるいは上司や先輩から、こういうしつこい小言を言われるのは嫌ですよね。

「もう嫌だ」「なんであんなふうにしか言えないのだろう」と、どんどん悩みが深くなり、「きっと私が嫌いなんだ」「私を恨んでいるんだ」と思って、その原因を探そうとします。

人の心は分かりませんから、原因探しは結局無駄なのですが、そこに入り込めば入り込むほど視野が狭くなり、周りが見えなくなる。このことのほうがもっとやっかいで、湧《わ》いてくるのは不安や恐れ、疑心や怒りばかりになります。

私はこういうとき、まず大きく深呼吸をします。何でもないことのようで、とても大切なルーティンです。そうすると、助《すけ》っ人《と》として「へそ曲がり」君が登場するのです。そして「箸の上げ下ろしのような細かいことこそ大事だよねえ」と思いを変える。少し視点が変わるだけで、ほかのことが見えてきます。

「そっか。耳障りで気分が悪いけど、それは言い方の問題であって、もしかしたら私のために言ってくれているのかも」「気づきにくいからこそ、気をつけるべきところでもあるなあ」と、怒りや不安の感情に没入しているときにはなかなか見えなかった視点が見えてきます。

このとき、心の中で行っているのは、少し俯瞰《ふかん》して考えること。没入していた場所から一歩下がって、自分を含めた全体を見ることです。こう思いを変えることで、不安、恐れ、疑心、怒りの無限連鎖から、ほんの少し解き放たれるから不思議です。

もっと分かりやすい言葉でいえば、「なぜ」を「なに」に置き換えてみる、ということだと思います。

「いま抱えている悩みは、なぜ起こるのだろう?」ではなく、「いま抱えている悩みは、私にとって何なのだろう?」と問いかけること。もっと具体的に、「子供が学校へ行かないのは、なぜなのだろう?」ではなく、「子供が学校へ行かないのは、私にとって何なのだろう?」と思いを及ぼすこと。

のめり込んでいた「原因探し」から心が解き放たれる。ぐーっと没入していた感情がすっと冷め、空間ができる。そういう感覚が大事だと思います。その「心の空き地」に、別の大切なことが入ってくるのです。

◇

私たち信仰を持つ者にとっては、その心の空き地は「神様の思召《おぼしめし》」を受け入れるスペースとして重要な役割を占めます。神様はいつも可愛《かわい》い子供である、あなたをたすけたいと思っておられます。心に少しスペースを作ること。そこに、その神様の思いがすーっと入ってきて、悩みが喜びに転ずるきっかけとなるのです。

天理教の教祖、中山みき様は、この悩み、苦しみを喜びに変える心の動きを「たんのう」という言葉で教えられました。天理教が目指す「陽気ぐらし」とは、そういう心の動きの先に見えてくるのです。

（2022年1月号）

熊本地震の被災地で

災害ボランティアと教祖のお導き

序にかえて

二〇二四年元日、マグニチュード7・6、最大震度7の地震が能登《のと》半島を襲いました。「令和六年能登半島地震」と名付けられたこの地震の被害は大きく、今なお復旧が進まず、たくさんの人たちが不自由な生活を強《し》いられています。

二〇一六年に「熊本地震」を体験した私としても、決して人ごとではなく、心よりお見舞い申し上げます。現地での教友の活躍を目にして心強く思うとともに、一日も早い復興を願わずにはおれません。

日本は別名「地震列島」とも呼ばれ、有感地震が毎日どこかで観測されています。

地球が誕生して四十六億年。いまだ地球の最深部には、熱い金属がドロドロに溶けた「核」があり、その外部には対流を続けるマントルがあります。私たちが住む「地殻」は、その移動するマントルの上に卵の殻のようにへばりついていて、年間数センチずつ動きながら、海溝部で地球内部に潜り込む動きを続けています。その卵の殻が時々、滑り込む際にペキッと折れる、あるいはキュキュッとずれる。簡単に言えば、これが地震の源です。

四十六億年とはどういう長さなのでしょう。

ここに一万円札があるとします。これが百枚あれば、新札だと厚み約一センチです。この一万円札の厚さを一万年と換算しましょう。円が年になるだけなので比較は簡単です。一千万円で十センチ、一億円では一メートルになります。四十六億円では四十六メートルです。地上から四十六メートルといいますと、だいたいビル十五階の高さに相当します。

地殻変動で日本列島が大陸から離れたのは、約二千万年前。これを札束の厚さに変換すると、わずか二十センチです。人間が農耕を始めたのは一万年前。ペラペラの一万円札一枚です。文字を持ち始めたのは諸説ありますが、約五千年前といわれています。もはや一万円札を薄く削《そ》がないと比較できません。現在残っている地震の記録も、文字が発明される以前については知りようがありません。

地球が生まれてからずっと地殻変動は続いています。この数百年でも、たくさんの地震が起きています。でも、それは四十六億年という地球の歴史から見たら、わずかな時間でしかないわけです。

地震のない世の中など、そう簡単には実現しません。地震に限らず、災害は今後も起こり続けます。少なくとも数千年では、なくなるはずはありません。そういう星に私たちは住んでいるのです。

ここに私が書こうとしているのは、そういう自然災害の一つである「熊本地震」で経験した、ボランティア活動の一部と、それを通じて体感した教祖《おやさま》のお導きの記録です。

起きないに越したことはないが、今年もどこかで起こるかもしれない災害に対して、私たち「一れつきょうだい」を標榜《ひょうぼう》するお互いがどう考え、どう動けばいいのか。その参考にしていただければ幸いに思います。

二〇一六年四月十四日と十六日

熊本地震が起きた二〇一六年四月十四日、その日、私は自教会にいました。四月の一カ月間、修養科の教養掛をしていたのですが、十四日は自教会の月次祭のため熊本に帰っていました。副会長を務めていた前年度の高校のＰＴＡの、会計監査を月次祭の夜に実施してもらい、その慰労会を終えて帰宅し、一杯機嫌でお風呂に入っていました。

午後九時二十六分、湯船に浸《つ》かっていた私の周りのお湯が、いきなり左右に揺れ始めました。ザバザバと縁を越すほどの勢いに驚いて立ち上がろうとしますが、立てません。大きな揺れが長く続きました。

しばらくして、やっと揺れが収まったころ、長女がお風呂場の扉を開けて

「逃げるよ！」と言いました。うちの教会の八百メートル先は海です。津波の危険がありました。

「ちょっと待って」と叫んで、慌てて身体《からだ》を拭《ふ》いてお風呂場から出たときには、もう誰もいませんでした。それでいいのです。それぞれが誰を待つでもなく、逃げられる人から安全な所へ逃げる。「津波てんでんこ」の言葉が示す通りです。しかし、その日私は、重ねて書きますが「一杯機嫌」だったのです。

もう時効だから書きますが、非常事態ということで、一杯機嫌のまま山のほうへ車を走らせて逃げました。やがて津波が来ないことが分かり、いったん教会へ戻りました。幸い、電気は通じていましたので、パソコンを立ち上げて被害状況を調べました。

すぐに被害状況が次々と飛び込んできました。それと同時に、これでもかというくらいに余震も続きました。とにかく一晩中、揺れ続けたという印象があります。

とうとう一睡もせずに朝を迎えました。テレビに映し出される被害状況、避難所の様子に心を痛めましたが、自教会の近所は震度5強くらいで実質的な被害はほとんどなく、外壁が少し落ちたくらいでした。

私は、天理市の信者詰所に置きっぱなしにしてきた荷物のことや、修養科生さんのこと、やりかけていた樹木の剪定《せんてい》作業のことなどが気になっていました。とにかく、これ以上の余震は来ないという当時の〝地震の常識〟を信じて、フェリーに乗るために港を目指し、再び車を走らせたのでした。

船中、携帯電話の着信音で目が覚めました。日付が変わって、十六日の午前一時三十分を過ぎていました。電話の主は同じ系統の教会の、懇意にしている会長さんでした。

「揺れただろう?」

「いや、船は揺れていませんよ。海はべた凪《なぎ》です」

私は少々寝ぼけていました。

「ばかやろう! 早くテレビのある所へ行け」

その声に慌ててロビーのテレビの前に着いたときには、もう黒山の人だかりができていました。

これが本震で、十四日の地震は前震だったと、気象庁の報道官がしゃべっていました。緊急のニュースに映し出される映像は、前日の映像の比ではなく、あちこちで家屋が潰《つぶ》れ、道路がめくれ、橋が落ち、ビルが倒れるという、悲惨な状況を映し出していました。

「あっ、これは帰らなきゃ」

とにかく天理に着いたら荷物をまとめて、九州へ帰る段取りをつけようと思い描いていました。心配と興奮で二晩目も眠れませんでした。


詰所に着くと、地震の報を聞きつけた教友が、車に積めるだけの支援物資を持ってきてくれました。また、支援金も託されました。

名古屋の教友が電話で、「寝てないだろ。熊本まで運転してあげよう」と申し出てくれ、ありがたく善意に甘えることにしました。午後になって名古屋から教友が来てくれて、軽自動車にいっぱいの荷物を積んで、助手席に乗りました。しかし、ものすごいスピードで教友が高速道路を飛ばすので、とうとう三日目の夜も眠ることはできませんでした。

その夜、一本の電話が鳴りました。関東の、ある大教会の会長様からでした。

「あ、茶木谷さん？　あのね、いま大教会の近くのホームセンターで水と食料を買い込んで、途中でフードパントリーにも寄りながら、トラック二台で熊本に向けて走ってもらっているのよ。熊本に着いたら、あなたが好きに使ってちょうだいね」

「はい？　なんで私ですか？」

「だって、熊本にはあなたしか知り合いはいないもん」

「え？」

「とにかく困っている人に配ってね、じゃあ」

あっけなく電話は切れました。

熊本に帰ってからどう動くかは何も考えていませんでした。しかし、私に託すとおっしゃった以上、どうにかしなければなりません。

あとで考えると、この電話こそが、それからの私の動きを決定づけることになりました。一年間にわたる被災地支援、そして復興活動の始まりだったのです。まさに、ご存命の教祖からの〝指令〟でした。

〝思いがけず〟の支援活動

熊本に帰り着いたのは十六日深夜でした。寝不足の重たい頭で何をせねばならないか考えました。ふと頭に浮かんだのが、正確な情報を発信したいということでした。帰途の電話のこともあり、詰所で帰り支度をするわずかの間に、軽自動車いっぱいの荷物が集まってきたこともあって、おそらく全国から支援物資が届くだろうというのは容易に想像できました。

フェイスブックには全国各地の教友から、私の安否を気遣うメッセージがあふれていました。「足りないものがあったら言ってくれ」というメッセージも、たくさん届いていました。

「情報が混乱すると、とんでもないことになる！」

二〇一一年の東日本大震災のとき、情報が錯綜《さくそう》して現場が多少混乱したことを思い出し、正確な情報を発信する大切さは分かっているつもりでした。

「熊本動物園からライオンが逃げた」というフェイクニュースがネット上にあふれたことは、先の本文に書きました。逮捕された発信者は、なんと熊本からうんと離れた神奈川の人でした。

情報を制する者、支援を制す——そんな言葉が頭をよぎりました。現場から正確な情報を教友に届けたい。そういう思いで、フェイスブック上に新たなページを立ち上げ、「天理教熊本地震支援情報センター」という名前を付けました。なんだか仰々しい名前ですが、見てもらえなかったら意味がないと思ったのです。とてつもなく広いインターネット空間で、一個人がページを立ち上げたところで、広い大都会の片隅の公園でままごと遊びをしている子供のようなものです。

そこで思いきって、ポケットマネーで広告を出しました。七日間の期限付きで、「天理教」とか「熊本地震」などのキーワードで検索した人のトップ画面に、バナーが表示される仕組みだったと思います。そのページを立ち上げて五分後には、さっそく熊本県から出ているインフォメーションのシェア記事を数点、貼り付けました。さらに、うちの信者さんの「水が足りない」という情報も掲載しました。

翌朝、すなわち四月十七日、そのまま熊本に残ってくれた名古屋の教友と一緒に、とりあえず熊本教務支庁を目指しました。関東の大教会のトラックが、そこに着いていることが分かったからです。

教務支庁に着くまでに、いくつもの崩壊した家、傾いたビルを見ました。被害の大きさに言葉を失いました。昭和初期に建てられた古い趣のある教務支庁の建物も、無残に傾いていました。

駐車場のトラックには積めるだけの水と食料が満載されていました。食料は五千人分ありました。とにかく、これを困っている人たちに配布しなければなりません。

私はとりあえず自転車を借りて、避難所となっている近くのI小学校を目指しました。小学校に着くと、体育館前で忙しそうに書類を作成している、職員とおぼしき若い女性に声をかけました。

「あの～、すみません」

「どなたですか?」

作業着で自転車を押しながら、フラフラと現れた中年男を見て、女性はいぶかしそうな表情で聞きました。

「天理教の者ですが……」

相手の顔がいっぺんに曇りました。この忙しいときに宗教か? という眼《め》でにらまれました。

「何のご用ですか？」と、ぶっきらぼうに聞く女性に、「水と食料があるのですが、もらっていただけますか？」と言いました。

そのときの女性の顔を、私は忘れることができません。立ち上がって口をぽかーんと開けたまま、しばらくこっちを見つめていました。

「何食お持ちですか？」

「五千食ほどあります」

その瞬間でした。さっきまでにらんでいた女性職員が、しゃがみ込んで泣き崩れたのです。

「どうなさいました？」

「食料がなくて、県庁や市役所や社協に何度電話しても一向に届かず、困り果ていました。ここには約一千人の人が避難しています。昨日届いた食料は、おにぎりが百五十食。それをみんなで分け合って食べました。もう今日の昼食を用意しなければならないのに、全く食料が届かないのです。食料だけではありません。水も、目の前にあるこの三ケースで終わりです。どう分配しようか相談していたところでした。すぐに持ってきていただけますか」

私はすぐに運転手に電話をして、ほどなくトラックが到着しました。

「職員さん、五千食ありますが、全部ここに降ろすよりも、できるだけ多くの人たちに届けたいと思います。あなた方は横の連絡を取っているはずです。どこも同じような状況だと思います。連絡してあげてください」

「そうなんです。どこも水と食料が足りなくて困っています。お待ちください」

こうして千食と十分な水を降ろすと、T小学校避難所に千五百食と水二十ケース、K高校避難所に千食、というふうに次々と降ろしていきました。

このころ、全国の教友から私に、ひっきりなしに電話がかかってきました。もうすでにトラックで支援物資を運んでいるが、どこへ運べばいいか指示をくれ、というのです。事実、午後四時半に、関東の大教会から第二陣のトラックが到着しました。このトラックにも水と食料が大量に積まれていました。

O小学校、ON小学校、O中学校、TN小学校と、次々に物資を運び込みました。たった一カ所の避難所から、瞬《また》く間にこれだけの支援が広がりました。どこの避難所も、「なぜいま、水と食料がここにあるのですか。信じられません」と、驚きの声を上げられました。

ある小学校の避難所では、運動場に並ぶ千人以上の行列を見ました。それぞれペットボトルを持っておられました。

避難所に届けた水

「水待ちですか？」

「そうです。もう四時間以上も、ああして並んでおられます。それでも自衛隊の給水車は到着しないいんです」

避難所のスタッフは、そう答えました。

千人以上の人たちの目は、私たちが運び込む大量の、水の入った段ボール箱に注がれていいます。不思議なことに、喜んでおられるようには見えませんでした。「自分たちは、あれがもらえるだろうか……」という、不安そうな目で、じっと見つめておられたのが印象的でした。

こういう動きのなかから、熊本市の中心部に拠点を作ってもダメだということに気づきました。被害が特に大きかった地域に近いこともあり、入るのに三時間、出るのに三時間かかるのは時間のロスです。そこで、市の郊外に敷地を持つ熊本大教会のお力を借りることにしました。会長様は拠点に使うことを快諾してくださいました。

このことは奇跡と言うほかありません。熊本大教会は、九州縦貫道の植木《うえき》インターチェンジの隣にあります。地震の被害により、この植木インターチェンジから先は通行止めになっていたのでした。

物資の運搬は比較にならないほどスムーズになりました。未明に立ち上げたフェイスブックのページも、広告を出した甲斐《かい》があってか、次の日（十八日）

には一日に三万人が目にする巨大なページへと成長していました。

ここからもリアルタイムで必要な物資の情報を発信し続けました。これも後日談ですが、このページは天理教以外の人もかなり参考にしていたようで、お礼のメールがひっきりなしに届きました。「ここの情報が一番確かだ」ということでした。

全国から続々届く善意

こうしている間にも、全国から支援物資は届きました。熊本大教会の信者会館の玄関ホールは、瞬く間に支援物資であふれました。

非常食、水、トイレットペーパー、清拭《せいしき》ペーパー、紙おむつなど、いろいろ

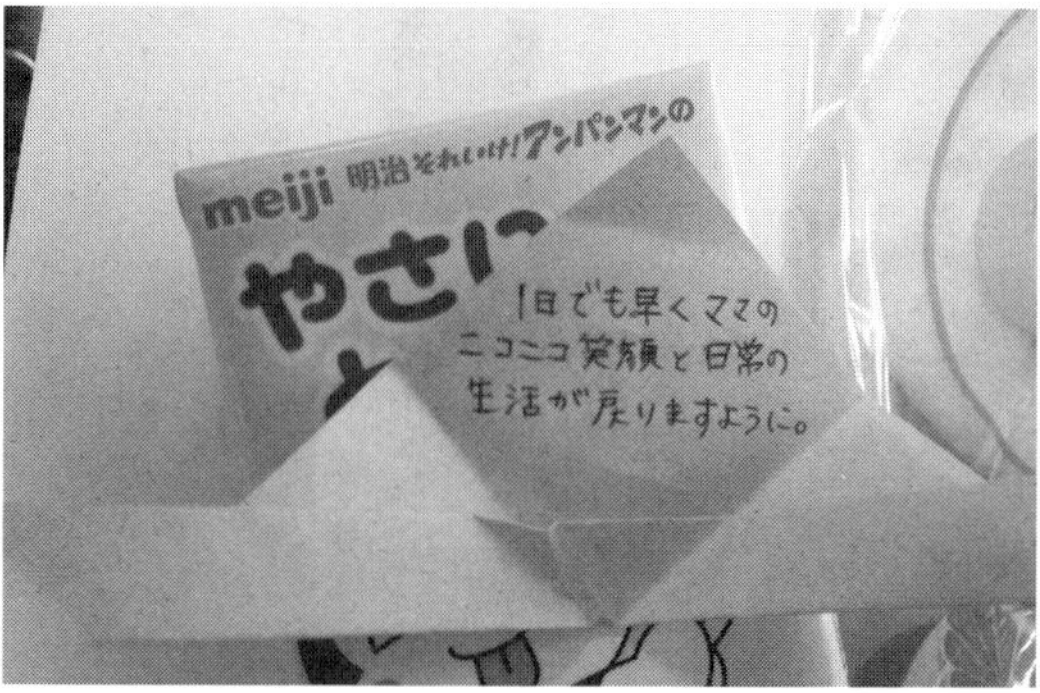

1包装ごとに入っている心のこもった折り紙には泣かされた

な物を毎日、受け入れ続けました。夜となく昼となくトラックは到着します。遠くから徹夜で運転してこられるのに、現場のスタッフが電気を消して寝ているわけにはいきません。熊本大教会に泊まり込む毎日が始まりました。

ほぼ毎晩トラックが入ってくるので、椅子《いす》にもたれて寝ました。状況は違いますが、中山眞之亮《しんのすけ》・初代真柱《しんばしら》様は十七歳から十九歳の三年間、これを続けられたのかと思うと感無量でした。

トラックが入ってくると急いでスタッフを

起こし、荷物を手送りで搬入します。一日に何度となく、この光景が繰り返されました。
熊本大教会の婦人会の方々も泊まり込みで、物資を運んできた人の受け入れから、宿泊や食事の世話まで、一手に引き受けてくださいました。熊本大教会の方々の真実の働きがなければ、私たちの活動もできなかったでしょう。いま思い出しても本当にありがたく、感謝の言葉も見つかりません。

全国から集まる人たちの立場はさまざまでした。大教会単位のグループ、教区青年会、直属学生会、個人の有志グループと、いろいろな人たちが物資を運んできてくださいました。そのほとんどが、「運搬後は何か、ひのきしんをすることがあればさせていただきたい」という方々でした。その方々に、物資の整理と避難所への運搬を手伝っていただきました。

　全員おっとり刀で駆けつけた人たちですから、もちろん、お互いの身元は分かりません。けじめをつけるために、朝食後に朝礼を始めました。熊本大教会の役員の方にご挨拶《あいさつ》いただいたあと、新しく入ってきた団体には自己紹介を、その日で帰っていく団体にはお別れの挨拶をしていただきました。その後、一日の行動予定と、役割分担を発表しました。

　物資の集積場所では、何も指示しなくても、紙おむつがサイズごとに積み上げられていました。また、段ボール箱を積み上げても内容物が分かるように、箱の側面にラベリングされていました。それぞれ自分の頭で考えて、次の行動を先読みして動くという人ばかりでした。

おにぎり製造ライン

四月十九日になって、避難所から「物資だけでなく食事の提供もできますか？」という問い合わせが入るようになりました。いわゆる給食支援です。どうしても冷たい食べ物が多くなりがちなので、何か温かいものをお出ししたいという避難所からの要請でした。混乱した現場ですから、行政からの配食も供給量がまちまちだったのでしょう。そこで、熊本大教会の方々と相談のうえ、給食支援に踏みきりました。

思えばこの給食支援が、この先長く一年以上にわたって支援を続けるきっかけになりました。この情報を目にした各地の大教会、教区、青年会などが、炊き出しの準備を整えてやって来てくださいました。それこそ、たくさんの避難所に、おにぎりや温かいスープ、新鮮なミニトマト、カップサラダなどを配食できるようになったのです。

毎日、避難所に〝御用聞き〟の定時電話を入れます。現場は足りない物ばかりです。そのなかでも緊急を要するものを聞いて、すぐに運び込み、給食の支援も同時に行いました。

「天理教はどこのボランティアよりも品数が揃《そろ》い、しかも早く届けてくれる」

そういう風評が避難所に広がりました。「天理教さんから届く物資は、きちんと整理されていて助かります」という声も数多く聞かれました。

ある日、知らない発信元から電話が入りました。私の高校の後輩でした。

空容器が返ってきたら…

「先輩ですか？」

「おお、久しぶり」

なんと、その後輩は小学校の教諭で、偶然にも、私が水と食料を運び込んだ避難所の小学校に勤務していました。そして、こう言うのでした。

「先輩、職員室の黒板に〝困ったときは天理教、困ったときは茶木谷へ〟と大きく書かれていますよ。そして、先輩の携帯の番号と、その下に大きく〝消すな！〟と書かれています。珍しいお名前だから、先輩かなと思ってかけてみました」

支援活動で見た奇跡の数々

本文中に、支援現場で起こったミラクルについて、いくつか書きました。そのほかにも、たくさんのミラクルが起きました。

あるとき、避難所から「バナナがほしい」という要請の電話がありました。避難所ではバナナは喜ばれます。調理が要《い》らないこと。皮ごと配れて衛生的なこと。栄養価が高いこと。お年寄りから子供まで食べられる柔らかさであること――こういう理由です。

ところが、バナナを持ってこられるトラックはまれで、そのときもストックにはありませんでした。

要請があった瞬間に到着したバナナ

「すみません、残念ながらバナナはいま、こちらにありません」

断りかけたときに、一台のトラックが入ってきました。電話を持ったまま荷台を開けて、ドライバーから渡されたリストを書いた紙を見ると、「バナナ二百五十本」と書かれていました。「あっ、揃《そろ》いました。お届けします！」と電話で叫びました。

また、あるときは「野菜ジュースがほしいんですが」という電話がかかってきました。避難所では野菜ジュースも喜ばれます。ビタミン不足の解消に、もってこいだからです。そのときもストックはありませんでした。断ろうとしたとき、やはり一台のトラックが入ってきました。リストを書いた紙を見ると「野菜ジュース二百本」と書かれていました。思わず証拠写真を撮りました。

こういう〝奇跡〟を毎日のように見せられました。支援の現場で先頭に立って活動しているつもりの私でしたが、実は先頭に立ってコーディネートしてくださっていたのは、ご存命の教祖だということを、身にしみて実感しました。

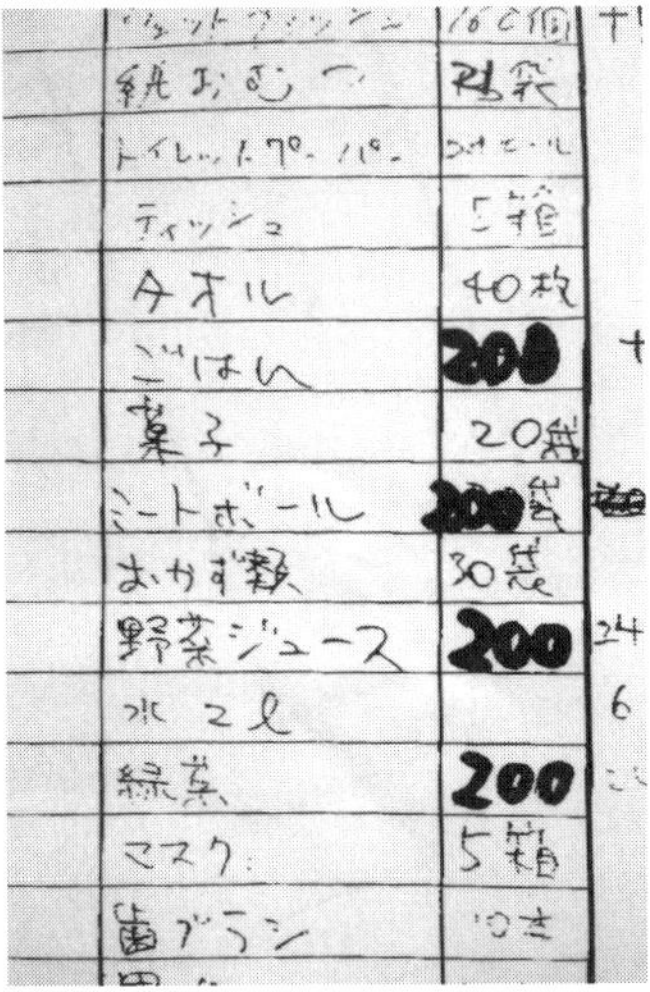

「野菜ジュース　200」の文字が

また、ボランティア経験の豊富な教内の先駆者たちが、熊本大教会という拠点で揃って活動してくださったことも、大きな効果を生みました。他の災害における被災地で、単身活躍してこられた方々です。しかし、避難所に対する支援をコーディネートして、組織的・効果的に動ける場と宿泊場所、食事を準備できれば、そちらのほうが、ありがたく思ってくださるのは当然のことです。今後のひのきしんの受け入れ方のモデルケースとして、大きな教訓を残してくださいました。

避難所への給食支援は、時には炊き出し支援となり、いろんな団体がいろんな食べ物を支援してくださいました。豚汁、たこ焼き、ハンバーグ、うどん、おでん、唐揚げなどです。特に唐揚げは、遠くから来られたボランティアの方（教会長さん）が、キッチンカーで揚げたてを配食してくださいました。揚げ

たこ焼きの配食に行列をつくる被災者の皆さん

たての唐揚げを食べられるところなど、避難所はおろか、被災地のどこにもありませんので、大変喜んでくださいました。

ある避難所で、市の職員がスタッフとして唐揚げの配食を手伝っておられました。スタッフとしての立場を自覚してか、行列には並ばれませんでしたが、ぼそっと「いいな」とつぶやかれました。

「あなたも家に帰られたら被災者でしょう。一つ、持って帰られたらいかがですか?」とお渡しすると、笑顔を浮かべられました。

また復興に際し、学校給食の支援を依頼されたのも忘れられない思い出です。益城町《ましきまち》の学校の授業が午前中に限り再開されたのです。家庭からの要望は全日再開でしたが、給食センターが被災しており、給食を出せない以上、午後まで子供たちを学校に預かることはできない、という事情があったのです。

H小学校の校長先生から「学校給食の支援はできますか？」という問い合わせを頂きました。家が半壊したご家庭も多く、仕事の再開によって誰もいない家に子供だけを置くことに、不安を抱えている保護者の事情もあったようです。民間企業ですらない、任意のボランティア団体に、学校給食の支援を依頼するわけです。教育委員を経験したことのある私には、これは校長の重大な決断であるということが容易に想像できました。

こうして、アンケートを取って希望のあった家庭を対象に、給食支援が始まりました。ほとんどの家庭が支援を希望したようでした。学校内で、ヘルメットをかぶった児童が美味《おい》しそうに、私たちが作った給食を食べる様子は、大変嬉《うれ》しいものでした。

その後の活動について

こうして熊本大教会を拠点にした活動は続きましたが、私は密かに引き揚げどきを模索していました。理由は二つあります。

まず、これ以上、熊本大教会にご迷惑をおかけできないこと。

そして、行政の支援、社会福祉協議会主導のボランティアセンターが本格始動し、機能し始めたことです。

そこで、いったんけじめをつけて、四月二十九日の全教一斉ひのきしんデーを最後に、熊本地震支援情報センターを閉鎖しました。この間、多くの人たちがこのセンターを拠点に、被災地に真実を届けてくださいました。物資の残りは熊本大教会の有志のメンバーが、根気よく避難所に届けてくださいました。

私の活動は、これで終わったわけではありませんでした。拠点は引き揚げましたが、私の電話番号を知っている人が数多くおられたので、その方々が申し出られる炊き出し支援は継続しました。支援先は、被害が特に大きかった地域の一つである益城町周辺に限定しました。

ほとんど毎週のように、H小学校やK小学校、益城町の施設などで炊き出しの支援活動を続けました。益城町の社会福祉協議会、西原村《にしはらむら》の社会福祉協議会と上手《じょうず》につながることができたので、ほとんど顔パスで出入りしていました。

また、私の息子が通う高校の、ＰＴＡの会長を引き受けた直後の地震だったこともあり、ＰＴＡの人たちにも何かご協力いただきたいという思いで、炊き出しを呼びかけました。この高校から生徒を伴って、一年間に八回もの支援を続けることができました。文化祭や学校行事のたびに、豚汁やおにぎりを生徒に提供する活動をしていましたので、支援はお手のものでした。コーラス部はきれいな歌声を、避難所や仮設住宅で響かせてくれました。

あるとき、天理大学の事務局長さんからお電話を頂きました。

「天理大学の学生ボランティアを連れていきたいのですが、コーディネートしてくださいますか？」

「もちろんです」

小学校のグラウンドで作業をする天理大学の学生たち

こうして、天理大学の学生も被災地のひのきしんに参加することとなりました。

早速、副学長、事務局長、災害救援チームの担当の先生、学生代表などの先遣隊が現地に来られましたので、益城町のボランティアセンター長さんと引き合わせをさせていただきました。

このときの、代表の女子学生とセンター長さんとのやりとりは、本文中にも書いた通りです。本文はあくまで『人間いきいき通信』用に書いたものですので、深いところまでは書けませんでした。

私が本当に書きたかったことは、ボランティアの現場は、支援に行くのではない。支援に行ったつもりでも、現場から元気をもらって帰ってくる。いわば支援を受けて帰ってくるのだ。支援したつもりでも支援されている。つまり、「たすけ合いは同時に起こっている」ということでした。

おつとめの四下り目七ッ、「なにかよろづのたすけあい」の「たすけあい」の手は、両扇の間をあけて向かい合わせにし、右肩の斜め前で平らに揃《そろ》え、続いて左右左と、同じ動作を繰り返します。「これだ。これがたすけ合いの本当の意味なんだ」と気づいたのです。

私たちがおたすけに行くときは、相手に元気になってもらうために行くのですが、気づけば、こちらも元気になっているではないですか。にをいがけに歩いたあとは、こちらが晴れ晴れと元気になれます。「人たすけたら、わが身たすかる」の本当の意味は、人をたすけておいたら、それが回り回っていつかは自分がたすかる種となる、などという悠長なものではなく、まさに「たすけ合いは同時に起こっている」のです。

結びにかえて

災害現場は学びの場です。いや、学びの場としなければなりません。そうしなければ、尊い命を落とされたり住む家をなくされたりした犠牲が無駄になってしまいます。

私のつたない経験でも、たくさんの学びをもたらしてくれました。このことを後世に語り継いで、何らかの参考に供していただきたい。そういう意味を込めて「熊本地震支援情報センター」は削除することなく、フェイスブック内に保存してあります。いまでも各地で大きな災害が起きるたびに、多くのアクセスがあります。ありがたいことです。

そして、もう一つ言えば、災害現場は奇跡を感じる場です。ご存命の教祖は、ちゃんと災害現場の先頭に立って、指揮してくださっています。それがはっきりと実感できる場が災害現場です。

私が地震を体験したころと比べると、災害救援のあり方も、後方支援をする教内ボランティアのあり方も、ずいぶん様変わりしました。理想の形に近づいていると思います。

こういう体験を積み重ねることで、親神様が思召《おぼしめ》される「一れつきょうだい」「互い立て合いたすけ合い」の世界の実現に、一歩一歩近づいていくのだと思います。

いまもどこかで皆さんのたすけを必要としている方がおられます。私も広く目を向けて、寄り添い続けたいと思っています。

あとがき

よく質問を受けます。

「先生はいつごろから文章をお書きになるようになったのですか」と。

「わりと最近ですよ」と答えると、皆さん意外そうな顔をされますが、実際、私の「ものを書く作業」は、決して二十代や三十代の若いころからやっていたわけではありません。

きっかけは、『リトルマガジン』（天理教少年会発行）の表紙裏に短い文章を書いてほしいと頼まれたことでした。「心におやさま、よろこびいっぱい」というタイトルで二年間連載されましたが、ちょうど教祖百二十年祭のころでしたから、四十代半ばだったと思います。それまではあまり文筆には縁がなく、本部布教部の講座のテキストを作ったり、大教会報などの編集作業をしたりする程度でした。

声をかけてくださったのは私と同い年の、大教会長の弟さんで、当時、天理教少年会出版部編集二課長をお務めでした。よくもまあ思いきったものだと、いま思い出しても不思議でなりません。作品らしい作品は書いたことがなく、筆力は海の物とも山の物ともつかない人間に、そんな依頼をなさるのですから。「試しに二、三編書いてみて」と言われ、素直に書いて送ると「なんだ、書けるじゃないか」ということで、即採用だったのです。

その後、教理マンガのシナリオ、小説、教理を学ぶ企画物と、十年以上にわたって、この少年会員向け冊子のどこかに何かを書いていました。

そのうちに、『天理時報』のコラム「和楽」や、連載エッセー（話のパッチワーク）の執筆依頼が舞い込み、『陽気』誌（養徳社発行）の「ああ、おやさま」の連載、それを一冊にまとめた『世界たすけに活かすおやさまご逸話』の出版、そして『人間いきいき通信』の「心に吹く風の記」連載と続くわけです。現在は『天理いきいき通信』の巻頭言を書かせていただいています。

このたび、道友社から「心に吹く風の記」を一冊にまとめて出版したいというお話を頂きました。

ご承知の通り『いきいき通信』は、未信の方へのにをいがけに、よく使われています。場合によっては郵便受けにポスティングされることもあるでしょうから、なるべく分かりやすい内容を、平易な文体で書くことが求められます。

よく勘違いされるのですが、「分かりやすい」ということと「初歩的な内容である」ということは全く違います。教理的に初歩的な内容でも、書き方によっては分かりにくい文章になってしまいますし、教理的に深い内容でも分かりやすく書くことで、誰もが深く思案できるようになることもあります。

できれば後者を目指したい私は、体験に基づいたお話を多く書くことにしました。思案の入り口は体験が一番です。なにより、天理教は生活に根差した教えです。食事の中に信仰があり、会話の中に信仰があります。何げない日常体験から教祖のひながたを思い、かしもの・かりもののご恩を感じることが大切なのです。

そこで、その時々の心に感じたことを、心に吹く風に見立てて、連載のタイトルを「心に吹く風の記」としました。

連載は六年間にわたり、毎年四月号、七月号、十月号、一月号に掲載されましたので、出版に際しては「心に吹く風　春」「夏」「秋」「冬」の見出しを付けて、すてきな編集をしてくださいました。また、連載時の、おけむらはるえさんの温かくてかわいらしいイラストも、当時のままに掲載してくださったことも大きな喜びです。

「熊本地震の被災地で」は、この本のために書き下ろした文章です。たった一本の電話から、一年以上にわたる支援活動に〝巻き込まれた〟私の奮闘記であり、ご存命の教祖がお働きくだされた記録でもあります。

毎年のように世界各地のどこかで起こり続ける災害。その後、被災地で実際に何が起こるのか、支援のあり方や考え方、被災者への寄り添い方など、私が体験したことをどこかに書いておきたいと思っていましたが、思いがけなくも今回、本書の末尾に加えて残すことができました。

この文章を書きながら、当時のことを思い出すたびに、何度も鼻の奥がツーンとして涙腺が緩みました。地震支援の初期は二週間、ろくな睡眠を取らず仮眠を続ける毎日でしたが、不思議と疲れは感じませんでした。

『稿本天理教教祖伝逸話篇』に、こんなお話があります。

「(村田イヱが)『あれだけ働かせてもらいましても、少しも疲れを感じません。』と、申し上げると、教祖は、

『さようか。わしは毎日々々足がねまってかなわなんだ。おまえさんのねまりが、皆わしのところへ来ていたのやで。』

と、仰せられた。」

(一六二「親が代わりに」)

このご逸話を感慨深く味わった記憶も、鮮やかに蘇《よみがえ》りました。
この体験が元となって、四年後に起きた「熊本豪雨（令和二年七月豪雨）災害」でも、現地の社会福祉協議会や小学校の避難所と上手に連携を取ることができました。全国から寄せられた支援物資を、毎週のようにレンタカーのトラックで人吉《ひとよし》・球磨《くま》地方へ運び、支援活動を行うことができたのでした。

さて、先ほども書きましたが、『いきいき通信』の文章は信仰を知らない人向けに書いたものですので、この道を深く信仰する人の中には「いまさらこんなことを」と思う方もおられるかもしれません。しかし逆に言えば、まだこの道の教えを知らない人にとっては大変分かりやすい本になっているはずです。ぜひご友人や、にをいがけをしている相手の方、またはこの道を伝えたいと思っている子供さん、お孫さんなどにご紹介いただいて、道の教えを伝える道具としてお使いいただければありがたく思います。

　また、分かっていると思っていることでも、いま一度この本で噛《か》みしめることによって、より深い理解へとつながるかもしれません。そういう読み方をされることも著者として望外の喜びです。

　最後になりましたが、この本を上梓《じょうし》するにあたり大変ご苦労いただいた道友社編集出版課の佐伯元治さんに厚くお礼を申し上げて、本稿を閉じたいと思います。

令和七年一月吉日

茶木谷吉信

茶木谷吉信（ちゃきたに・よしのぶ）
昭和35年（1960年）、熊本県菊池《きくち》市生まれ。58年、熊本大学文学部哲学科卒業。59年に天理教正代《しょうだい》分教会長、令和５年（2023年）に大江《おおえ》大教会布教部長を拝命。平成17年（2005年）から熊本刑務所教誨師《きょうかいし》、19年から玉名《たまな》市教育委員（23年まで）、25年から玉名市主任児童委員を務める。認定心理士、不登校支援相談員。著書に『世界たすけに活かすおやさまご逸話』（養徳社）がある。

きずな新書016
心《こころ》に吹《ふ》く風《かぜ》

立教188年（2025年）３月１日　初版第１刷発行

著　者　茶木谷吉信

TENRIKYO DOYUSHA
発行所　天理教道友社
〒632-8686　奈良県天理市三島町1番地1
電話　0743(62)5388
振替　00900-7-10367

印刷所　株式会社天理時報社
〒632-0083　奈良県天理市稲葉町80番地

ISBN978-4-8073-0670-1
定価はカバーに表示